Erich Hotter

Happy^{er}

Erich Hotter

Happy^er

Happiness für Einsteiger

Leykam

Einbandgestaltung: Peter Eberl, www.hai.cc
Umbruch: Helmut Lenhart
Gesamtherstellung: Leykam Buchverlag

ISBN 978-3-7011-7852-0
www.leykamverlag.at

Inhaltsverzeichnis

Der Happier-Moment!

Stellen Sie sich vor, Sie kommen aus einem Urlaubsort im Süden zurück in Ihre deutschsprachige Heimat. Sobald Sie den Fuß wieder auf heimischen Boden gesetzt haben, wird Ihnen für kurze Zeit eine emotionale Klimaveränderung bewusst: die Laune der Menschen um Sie herum hat sich eingetrübt. Dieser negative *Happier-Moment* ist kostbar, denn Sie spüren nun vielleicht bewusst, dass es Mühe kostet, sich damit abzufinden. Ade Leichtigkeit des Seins – bis zum nächsten Urlaub!

Sie müssen das nicht mit sich geschehen lassen. In *Happier* werden Sie viel darüber erfahren, wie Sie es anstellen können, sich Ihre Urlaubsstimmung auch zuhause zu erhalten. In loser Folge handelt dieses Buch Themen ab, die mit unserer Lebenszufriedenheit verknüpft sind.

Grundlage für diese Überlegungen sind auch die Ergebnisse von Studien zum Thema Stress und Burnout, die ich in der *Arge Burnout* durchgeführt habe. Tausende Teilnehmer (Ärzte, Richter, Lehrer, Angestellte, Krankenschwestern, Manager, Freiberufler) haben uns in ihren eigenen Worten beschrieben, was ihnen die Laune verdirbt. In den Seminaren der Arge Burnout haben wir Lösungen für diese Problembereiche erarbeitet. Diese

Erfahrungen machen den größten Teil dieses Buches aus. Mein Ratgeber für Burnout-Prävention[1] wendet sich an Menschen, die sich unter Druck fühlen und Tipps für eine Verbesserung ihrer Lage suchen.

Happier wendet sich dagegen an all jene, die nach Anregungen suchen, um ihrem Leben einen zusätzlichen Kick ins Positive zu geben. Mehr Leichtigkeit, Lebenszufriedenheit und das Gefühl von Sinn – mehr *Happier-Momente!*

Das erwartet Sie auf den folgenden Seiten:

- Die interessanten Ergebnisse unserer aktuellen Stress- und Burnout-Studien wollen wir einer breiteren Leserschaft vermitteln. Etwa 18.000 Österreicher haben in den vergangenen Jahren an unseren Untersuchungen[2] teilgenommen. Die Ergebnisse zeigen neue Wege zu größerer *emotionaler Fitness* auf.
- *Happier* stellt bewährte und wissenschaftlich gesicherte Methoden zur Förderung eines glücklicheren und zufriedeneren Lebens vor, die wir in unseren Seminaren erfolgreich vermitteln. Der Blog www.happier.at dient als Forum für den Erfahrungsaustausch.
- Eine Diskussion über *zentrale Werte* in unserer Gemeinschaft. Unsere Studienergebnisse offenbaren

---

1 Hotter, E. (2009), 7 Schritte gegen Burnout, Graz: Leykam.
2 Arge Burnout Studien, www.happier.at

ein hohes Maß von Frustration über gesellschaftliche Entwicklungen. Die aktuelle Evolutions-Psychologie kann einen Beitrag zum besseren Verständnis der Ursachen sowie konstruktive Lösungsansätze beitragen.

- Auch die besten *Vorsätze* sind stets vom Scheitern bedroht. Das gilt auch für den Entschluss, happier zu sein. Deshalb habe ich dem *Durchhalten* ein eigenes Kapitel gewidmet, das Ihnen über dieses Programm hinaus nützlich sein kann.
- Wie Sie dieses Buch am besten nützen? Von vorne bis hinten lesen oder sich ein Kapitel suchen, das Sie besonders interessiert? Das überlassen wir gerne Ihnen. Manchmal werden wir Ihnen vorschlagen, sich Notizen zu machen, Listen anzulegen und kurze Tests zu absolvieren. Wenn Sie mit Büchern so umgehen wie ich, dann haben Sie stets einen Stapel von angelesenen Bänden in Reichweite, aus dem Sie sich je nach Lust und Laune bedienen. Ich hoffe natürlich, dass Happier auf Ihrem Bücher-Stapel ganz oben liegen wird!
- Aktuelle Informationen können Sie sich auf *www.happier.at* holen. Ich werde in diesem Blog Erfahrungsaustausch anbieten, Seminar- und Vortragstermine bekannt geben und Sie über neue Entwicklungen informieren.

Mein besonderer Dank gilt Prof. Dr. Peter Hofmann von der Med Uni Graz. Wir haben in der Arge Burnout eng zusammengearbeitet, und während dieser Kooperation sind etliche der Ideen entstanden, die in diesem Buch vorgestellt werden.

Erich Hotter

Graz, April 2013

Wie geht es Ihnen?

Die folgenden zwei kurzen Tests sind ein guter Ausgangspunkt für Ihre Lektüre:

- Der Happier-Index zeigt, in welche von vier Happier-Gruppen Sie sich einordnen lassen.
- Der Grit-Index gibt Ihnen ein Gefühl dafür, wie es um Ihre Fähigkeit zur Veränderung steht.

Die beiden Tests sind eine Art Standortbestimmung. Sie dienen aber auch dazu, sich einmal in aller Ruhe Fragen zu stellen, für die man im Alltag keine Zeit findet.

Der Happier-Index

Wie sehr können Sie den folgenden Aussagen über sich zustimmen? Verwenden Sie Schulnoten, um Ihre Zustimmung oder Ablehnung auszudrücken.

Nehmen Sie sich einen Zettel, um Ihre Antworten zu notieren; so können Sie den Test beliebig oft wiederholen, ohne dass Sie von Ihren alten Einträgen beeinflusst sind.

Denken Sie bitte daran:

- Sie sollten ungestört sein und die Fragen selbst beantworten.
- Es gibt keine richtigen oder falschen Antworten. Seien Sie aber ehrlich, denn sonst ist das Ergebnis bedeutungslos.

- Grübeln Sie nicht zu lange über einzelnen Aussagen, sondern wählen Sie die Antwort, die Ihrem Gefühl am nächsten kommt.

Nr.	**5 = völlig zutreffend, 4 = eher zutreffend, 3 = bin nicht sicher, 2 = eher nicht zutreffend, 1 = völlig unzutreffend**	**Ihre Note**
1	Ich fühle mich von den Menschen meiner Umgebung anerkannt.	4
2	Es gibt in meinem Leben einiges, worauf ich stolz sein kann.	4
3	Ich helfe gerne, wo ich kann.	5
4	Wenn ich Probleme hätte, könnte ich sicher auf Hilfe zählen.	3
5	Ich lerne gerne etwas Neues dazu.	4
6	Bei meiner Lieblingsbeschäftigung vergesse ich meist alles um mich herum.	4
7	Alles in allem geht es bei uns im Land gerecht zu.	4
8	In meinen persönlichen Beziehungen geht es fair zu.	4
9	Rückschläge kann ich verkraften, wenn mir ein Ziel wichtig ist.	3
10	Was ich beginne, bringe ich auch zu Ende.	3
11	Ich bin die meiste Zeit sehr zufrieden mit meinem Leben.	3
12	Ich kann mich auch über Kleinigkeiten freuen.	5
13	Ich sehe optimistisch in die Zukunft.	4
14	Ich habe es schon einmal geschafft, eine schädliche Gewohnheit aufzugeben.	3

15	Es gibt Menschen in meinem Leben, denen ich viel bedeute.	4
16	Meistens heitere ich die Menschen in meiner Umgebung auf.	5
17	Ich wache morgens meist ausgeruht auf.	4
18	Über Schwierigkeiten komme ich meist rasch hinweg.	4
19	Ich glaube, dass mein Dasein einen Sinn hat.	5
20	Ich habe sehr positive Erinnerungen an meine Vergangenheit.	4
	Summe der Noten	

- Zählen Sie jetzt Ihre Noten zusammen. So erhalten Sie Ihren Happier-Index (er liegt zwischen 20 und 100 Punkten).
- Wenn Sie 25 oder weniger Punkte erreicht haben, liegen Sie im untersten Viertel. Sie können von diesem Programm vermutlich viel profitieren.
- Haben Sie 26 bis 50 Punkte, dann sind Sie in der unteren Hälfte des Happier-Index. Es wird Ihnen hoffentlich nicht schwerfallen, noch ein paar Schritte nach oben zu tun.
- Haben Sie 51 bis 75 Punkte erreicht, dann gehören Sie schon in obere Hälfte des Happier-Index. Sie verfügen bereits über viele Voraussetzungen, es nach ganz oben zu schaffen!
- Wenn Sie zwischen 76 und 100 Punkten erreicht haben, dann gehören Sie zur Happier-Spitze. Wir gratulieren herzlich – bleiben Sie, wie Sie sind!

Nach einigen Wochen können Sie den Test wiederholen und feststellen, ob Sie Fortschritte gemacht haben.

Ihr Grit[3]-Index

Die Tipps, die wir Ihnen in diesem Programm zeigen, werden nur Erfolge bringen, wenn sie mit einiger Konsequenz angewendet werden. Dazu brauchen Sie ausreichend Willenskraft. Sie ist die Kernkompetenz schlechthin, wenn es um die Veränderung von Gewohnheiten und Einstellungen geht.

Der Grit-Index misst, wie sehr Aussagen über Sie zutreffen. Sie verwenden wieder Schulnoten: eine Aussage ist 5 = völlig zutreffend, 4 = eher zutreffend, 3 = bin nicht sicher, 2 = eher nicht zutreffend, 1 = völlig unzutreffend.

Nehmen Sie sich einen Zettel, um Ihre Antworten zu notieren, so können Sie den Test beliebig oft wiederholen, ohne dass Sie von Ihren alten Einträgen beeinflusst sind.

- Sie sollten ungestört sein und die Fragen selbst beantworten.
- Es gibt keine richtigen oder falschen Antworten. Seien Sie aber ehrlich, denn sonst ist das Ergebnis bedeutungslos.
- Grübeln Sie nicht zu lange über einzelnen Aussagen, sondern wählen Sie die Antwort, die Ihrem Gefühl am nächsten kommt.

---

3 Englisch für Willenskraft, Charakterstärke.

Nr.	**5 = völlig zutreffend, 4 = eher zutreffend, 3 = bin nicht sicher, 2 = eher nicht zutreffend, 1 = völlig unzutreffend**	**Ihre Note**
1	Ich bin schon mit Rückschlägen fertiggeworden, um eine wichtige Aufgabe zu Ende zu bringen.	
2	Neue Ideen und Projekte lenken mich manchmal von meinen Aufgaben ab.*	
3	Meine Interessen ändern sich von Jahr zu Jahr.*	
4	Von Rückschlägen lasse ich mich nicht entmutigen.	
5	Ich habe mich manchmal leidenschaftlich für eine Idee oder ein Projekt eingesetzt, aber später das Interesse daran verloren.*	
6	Ich bin ein harter Arbeiter.	
7	Ich setzte mir öfter mal Ziele, verfolge dann aber stattdessen andere.*	
8	Es fällt mir schwer, mich auf Aufgaben zu konzentrieren, die sich über mehrere Monate hinziehen.*	
9	Was immer ich beginne, bringe ich auch zu Ende.	
10	Ich habe schon Ziele erreicht, die mich mehrere Jahre Arbeit gekostet haben.	
11	Alle paar Monate entdecke ich ein neues, interessantes Betätigungsfeld.*	
12	Ich gelte als fleißig.	
	Summe der Noten	

Ihr Ergebnis:

- Ehe Sie Ihre Punkte zusammenzählen, korrigieren Sie bitte die Wertung bei den Aussagen 2, 3, 5, 7, 8 und 11 (diese sind mit einem * markiert). Dazu drehen Sie Ihre Benotung bitte um: statt 5 steht dann 1, statt 2 steht 4, 3 bleibt gleich, statt 2 steht 4 und statt 1 steht 5.

Jetzt können Sie alle ihre Punkte addieren. Das Ergebnis liegt zwischen 12 und 60.

- Gruppe A: 48 bis 60 Punkte. Sie liegen im obersten Viertel.
- Gruppe B: 36 bis 47 Punkte. Sie sind in der oberen Hälfte.
- Gruppe C: 24 bis 35 Punkte. Sie sind in der unteren Hälfte.
- Gruppe D: 12 bis 23 Punkte. Sie liegen im untersten Viertel.

Befindet sich Ihr Ergebnis in den Gruppen A oder B, dann dürfen Sie das folgende Kapitel überblättern. Sie verfügen wahrscheinlich über genügend Willenskraft, um unsere Vorschläge auszuprobieren und umzusetzen.

Falls Sie in C oder D gelandet sind, dann empfehlen wir Ihnen, sich vorrangig mit den folgenden Überlegungen zur Steigerung der Willenskraft zu beschäftigen, ehe Sie in den eigentlichen Hauptteil einsteigen.

Wiederholen Sie die beiden Tests nach einigen Wochen und vergleichen Sie die Ergebnisse. Gibt es eine positive Veränderung?

Die Bausteine der Emotionalen Fitness

Wir kennen die Ärgernisse und Schwierigkeiten, die so vielen die Laune verderben, aus erster Hand. Tausende Studien- und Seminarteilnehmer haben uns in ihren eigenen Worten geschildert, was sie belastet. In unseren Seminaren entwickeln wir seit Jahren gemeinsam mit den Teilnehmern Lösungen für diese Probleme.

Dabei haben sich einige Themen als besonders wichtig erwiesen, weil sie viele Menschen betrafen und damit auch ein erhebliches Störpotenzial für deren Wohlbefinden verbunden war:

- Wie kann ich Gewohnheiten ändern, von denen ich weiß, dass sie mir schaden? Dieses Thema behandeln wir im Kapitel *Hilfe! Ich will was ändern – aber wie?* Es erscheint uns zentral für unser Anliegen, denn ohne die Fähigkeit zur Veränderung bleibt jeder gute Rat wirkungslos.
- Viele Menschen sind sich bewusst, dass sie *auf sehr hohem Niveau jammern*. Obwohl sie das wissen, verdirbt es ihnen die Laune. Die Positive Psychologie bietet eine Reihe von bewährten Anregungen, sich davon freizumachen, um eine positive und engagierte Einstellung zurückzugewinnen.
- Stärken und Talente erkennen und leben. Stolz und Anerkennung; engagiert sein in Aktivitäten, die uns interessieren und Befriedigung verschaffen.

- Die internationale Glücks- und Zufriedenheitsforschung sowie unsere eigenen Studien zeigen, wie entscheidend vertrauensvolle und unterstützende Beziehungen zu Familie, Freunden, Nachbarn und Kollegen sind. Es ist daher wichtig, dem Trend zur Individualisierung in unserer Gesellschaft nicht blindlings zu folgen.
- Es gibt in unseren Breiten so viele Chancen für Bildung, Entwicklung, Freude und Genuss wie noch nie zuvor. Damit wir von diesen Möglichkeiten wirklich Gebrauch machen können, ohne uns zu übernehmen, ist kluges Energie-Management nötig.

Unsere Tipps für mehr Emotionale Fitness sind in diesen Themen lose angeordnet. Lose deshalb, weil letzten Endes doch alles mit allem zusammenhängt und eine saubere Trennung zwischen den verschiedenen Blickwinkeln nur künstlich und lebensfremd wäre.

Hilfe! Ich will was ändern – aber wie?

Wahnsinn ist, immer das Gleiche zu tun und ein anderes Ergebnis zu erwarten.

A. Einstein

Zuerst eine Frage: Wie ist Ihr Grit-Index ausgefallen? Falls Sie den kurzen Test ausgelassen haben, holen Sie ihn bitte jetzt nach. Liegt Ihr Ergebnis in Gruppe A oder B, dann reicht es, wenn Sie diesen Abschnitt rasch überfliegen. Liegt es in C oder D, dann sollten Sie mit den Übungen in diesem Abschnitt starten. Denn hier geht es um die Stärkung Ihrer Kraft zur Veränderung. Von dieser Kraft hängt es schließlich ab, ob Sie unsere Vorschläge tatsächlich ausprobieren und in Ihr Leben integrieren werden.

Die meisten von uns wissen ja, was für ihre Gesundheit, ihre Beziehungen und ihre materielle Sicherheit gut wäre. Dieses Wissen beeinflusst die täglichen Entscheidungen vieler Menschen aber nur am Rande. Bewegungsmangel und einseitige Ernährung lassen Fettleibigkeit und Zivilisationskrankheiten grassieren, immer mehr Ehen enden vor dem Scheidungsrichter und öffentliche und private Überschuldung erreichen neue Rekorde.

Über gesellschaftliche Ursachen für diese problematischen Entwicklungen herrscht in Politik und Wissenschaft Uneinigkeit. Warum aber Einzelne in diese Fallen tappen, ist mittlerweile gut verstanden. Neurowissenschaften und moderne Psychologie haben etwas Licht in den Widerspruch zwischen Einsicht und tatsächlichem Verhalten gebracht.

Der Nobelpreisträger Daniel Kahneman[4] hat gezeigt, dass wir bewusstes Denken vermeiden, weil es uns viel Energie kostet. Deswegen automatisieren wir bekannte Abläufe, nehmen die gewohnte Umgebung nicht bewusst wahr (z.B. die neue Frisur unserer Gefährtin!), schalten den mentalen Autopiloten ein, wann immer es möglich ist: denn wir funktionieren dann im angenehmen Energiesparmodus. Selbst wenn wir Probleme lösen sollen, versuchen wir es erst mit der Automatik. Hier ist eine Beispielaufgabe für Sie:

- Eine Zigarre + Schachtel Zündhölzer kosten zusammen 1,10
- Die Zigarre ist 1,– teurer als die Zünder.
- Wie viel kosten die Zünder?[5] (Lösung in der Fußnote)

An diesem Beispiel beißen sich viele erst einmal die Zähne aus (übrigens auch Lehrer!). Nicht weil sie die

---

4 Kahneman, D. (2011) *Thinking, Fast and Slow,* New York: Farrar, Straus, Giroux

5 Hat auch Ihre Automatik 10 Cent *errechnet?* Die richtige Lösung: Zigarre 1,05 + Zünder 0,05 = 1,10.

Grundrechenarten nicht beherrschen, sondern weil es schwierig ist, die mentale Automatik zu einer ungewohnten Sichtweise des Problems zu bewegen. Wenn Sie sich vornehmen, eine Gewohnheit zu ändern, dann müssen Sie sich darauf einstellen, dass Sie solche und ähnliche Probleme haben werden.

Starke Verbündete unserer Veränderungsbereitschaft sind negative Gefühle wie Angst, Schmerz, Scham und Schuld. Die sprichwörtliche heiße Herdplatte berühren die meisten nur einmal im Leben. Diese Unachtsamkeit wird unmittelbar und nachhaltig bestraft. Ursache und Wirkung sind klar ersichtlich und blitzartig gelernt. Wir werden nie mehr danach unschlüssig vor der rot glühenden Herdplatte stehen und überlegen: „Soll ich da hingreifen oder vielleicht doch nicht?“ Die Wirkung von Scham auf unser Verhalten scheint dagegen allmählich nachzulassen, wenn man Selbstdarstellungen auf Webseiten oder in diversen Fernsehshows als Maßstab nimmt.

Zwei Seelen wohnen, ach! in meiner Brust

Hat schon der Dr. Faust geklagt. Dieses Problem ist also nicht neu und nicht nur Sie haben es. Schwierig wird es für Ihren Veränderungswillen immer dann, wenn unangenehme Konsequenzen unseres Verhaltens ungewiss scheinen und erst in der Zukunft eintreten. Das ergibt dann einen Konflikt zwischen zwei Interessen in uns. Wir nennen sie hier *Jetzt-Haben* und *Ich-Will-Sein*. Die beiden sind gute alte Bekannte von Ihnen. Jedes Mal, wenn Sie zum Beispiel unschlüssig vor der Kuchenvitrine stehen, weil Sie sich einerseits zurückhalten möchten, aber andererseits Ihre Lieblingstorte unwiderstehlich finden, läuft in ihrem Inneren eine Diskussion zwischen den beiden ab.

Eine unschuldige und spaßige Version eines solchen inneren Konflikts können Sie sich auf Youtube[6] ansehen. Der Psychologe Walter Mischel hat 4- bis 5-jährigen Kindern in Kalifornien einen Teller mit einem Stück einer Leckerei (Marshmallow) hingestellt. Die Kleinen hatten die Wahl: entweder das Stück sofort essen oder, wenn sie – vor der Leckerei sitzend – das Essen einige Minuten aufschieben konnten, noch ein Stück bekommen und dann beide essen.

Das Psychologen-Team hat die Kleinen bis ins Erwachsenenalter begleitet. Es stellte sich heraus, dass die *Aufschieber* in Schule und Studium erfolgreicher waren, in stabileren Partnerschaften lebten und gesünder waren als die anderen. Der Begriff Grit[7] war geboren. Grit erwies sich als wichtiger für den Erfolg im Studium als die Intelligenz, für die Karriere im Beruf wichtiger als Charisma und in Beziehungen wichtiger als Einfühlungs-

---

6 Ein kurzer Film auf http://www.youtube.com/watch?v=lQzM8jRpoh4 zeigt den berühmten Marshmallow-Test.

7 Englisch für Charakterstärke, Willenskraft.

vermögen (z.B. wenn es darauf ankommt, einfach den Mund zu halten, statt im Detail nachzuweisen, warum man trotz allem im Recht sei).

Zurück zur Kuchenvitrine. Die Schwarzwälder-Kirsch ist von unserem Risiko-Radar[8] als ungefährlich eingestuft. Sonst würden wir mit dem Stress-System reagieren: je nach Temperament entweder wegrennen oder die Konditorei stürmen und den Verkäufer unschädlich machen oder uns tot stellen. Aber für die schleichenden Gefahren unserer Zivilisation haben wir leider kein verlässliches Sensorium. Im Gegenteil: unsere Sinne sind auf Mangelernährung geeicht und interpretieren den Kuchen als einen willkommenen Haufen aus Zucker und Fett, der uns das Überleben sichert. Das Belohnungssystem in unserem Gehirn malt uns die zu erwartende Befriedigung in leuchtenden Farben aus, *Ich-Will-Sein*, unsere Widerstandskraft, ist da chancenlos. Es sei denn, wir hätten uns für diese Situation einen Plan zurechtgelegt – dazu weiter unten mehr.

Damit Sie einen solchen Plan machen können, müssen Sie noch einiges über die beiden Streitparteien in Ihrem Inneren wissen. Das Belohnungssystem lenkt unsere Aufmerksamkeit auf fett- und zuckerhaltige Nahrung[9], unabhängig davon, ob wir satt sind

---

8 Dieses bewahrt uns vor Selbstbeschädigung. Schon Babys krabbeln nicht über eine Glasplatte, die einen Abgrund simuliert.

9 *Oder Blusen, E-Mails, den Facebook-Account, TV-Shows, das Bier im Kühlschrank – alles was unsere Stimmung verbessern könnte und wenig Energie kostet.*

oder nicht. Warum ist das so? Wir haben als Gattung einige Millionen Jahre mit unsicherer Nahrungsbasis auf dem Buckel. Deshalb war die Fähigkeit unserer frühen Vorfahren, auf ihren Kraft raubenden Jagden in den Savannen Afrikas etwas Nahrhaftes auf Anhieb zu erkennen, äußerst wichtig. Sofort hinunter damit war angesagt. Wer weiß, wann es wieder was gibt? Lagern war für unsere nomadischen Urahnen kaum möglich. Dass wir inzwischen im Nahrungs-Überfluss leben und unsere Beutezüge durch Shopping-Malls und Internet die vielen Kalorien zum Problem machen, hat der Jäger und Sammler in uns noch nicht mitbekommen.

Ihre Willenskraft ist wie ein Muskel

Wer hätte nicht schon einmal vergeblich versucht, mehr Bewegung zu machen, ein paar Kilo los zu werden, die Grundlagen einer Sprache zu erlernen usw. Dazu ist vor allem Willenskraft nötig. Führende Forscher[10] auf diesem Gebiet fassen Willenskraft als eine Art Muskel auf, der trainiert und in gutem Zustand gehalten werden muss, wenn er funktionieren soll. Wie viel Kraft Sie damit entwickeln können, hängt auch von Ihrem Allgemeinzustand ab.

10 Z.B. Roy Baumeister, Kelly McGonigal

Wenn wir uns schlecht fühlen, frustriert, gelangweilt sind oder Stress haben, dann suchen wir zur Ablenkung nach rasch verfügbaren Belohnungen wie Essen, Qualmen, Trinken, Shoppen, Videospiele, Fernsehen, Internetsurfen ... Übergewichtige essen dann mehr, Überschuldete gehen Einkaufen, um ihre Stimmung zu verbessern ...

Gescheiter und besser mit Ihren Zielen vereinbar ist es, Ihre Erholungspausen zu optimieren, sodass sie Ihnen wirklich neue Energie geben:

- Regelmäßige Bewegung in frischer Luft
- Beschäftigung mit Natur, Kunst, Literatur, Musik
- Geselligkeit mit Familie Kollegen und Freunden
- Regeneration und Entspannung, z.B. durch Meditation, Massagen und Yoga
- Beschäftigung mit Ihren Hobbys

Ergänzen Sie diese Liste mit Ihren eigenen Ideen und Vorlieben. Nützen Sie auch Arbeitspausen und Wartezeiten, um sich damit zu beschäftigen.

Eine Anleitung

Was wollten Sie schon immer tun, um sich wohler zu fühlen? Die Grundzüge einer Sprache lernen, ein paar Kilo abspecken, bevor die Bikinisaison ausbricht? Wenn es Ihnen ergeht wie den meisten von uns, dann haben Sie vermutlich schon ein paar vergebliche Anläufe hinter sich und beurteilen Ihre Chancen deshalb eher skeptisch. Die gute Nachricht ist, dass wir Ihnen in diesem Abschnitt eine Methode anbieten können, die Ihre Erfolgsaussichten ganz wesentlich verbessert. Als Beispiel wählen wir den weit verbreiteten Wunsch, ein paar Kilos loszuwerden. Gehen Sie den Abschnitt durch und machen Sie sich Notizen.

Ihr Ziel ist klar?

An den Beginn gehört Ihr Ziel und warum Sie sich happier fühlen werden, wenn Sie es erreicht haben. Wählen Sie für diese Anleitung bitte nur *ein* Ziel aus, und es sollte sie nicht überfordern. Später, wenn sie in Übung sind, können Sie sich die Latte höher legen.

Was werden Sie dafür tun?

- Hierher gehört Ihr konkreter Plan (z.B. Rat holen, Diät-Partner suchen, regelmäßiges Ausdauer- oder Fitnesstraining organisieren). Planen Sie zu Beginn kleine Schritte, die Ihnen leicht fallen. Am besten jeden Tag einen.
- Gestalten Sie ein attraktives Ziel-Album (Heft, PC, Smartphone ...). Beschreiben Sie Ihre Motive, malen Sie das Bild von sich, wie Sie danach sein werden, so anziehend wie möglich aus. Wen werden Sie damit beeindrucken? Wer wird ungläubig stau-

nen? Eine solche Vorschau auf ihr künftiges Selbst kann eine große Hilfe sein, um sich immer wieder zu stimulieren.

- Wer werden Sie sein, wenn Sie Ihr Ziel erreicht haben? Können Sie jetzt schon in diese Rolle schlüpfen? Wenn Sie voll mit Ihren Zielen identifiziert sind, dann entscheiden Sie schon aus der Sicht Ihres neuen Selbst, benötigen daher weder Druck noch Überredung. Unser impulsives, leicht verführbares Selbst ist mit solchen Entscheidungen überfordert. Es mag ein amüsanter, liebenswerter und vitaler Teil von uns sein, aber wichtige Entscheidungen über unsere Zukunft sollten wir ihm nicht anvertrauen.
- Als Abschreckung malen Sie eine rabenschwarze Version von sich. Zu dick, passiv und unbeweglich. Wie geht es Ihnen damit? Müssen Sie mit Einschränkungen leben? Schmieden Sie in diesem Zustand neue Pläne oder reicht Ihre Kraft so eben für die Bewältigung des Alltags aus?

Was werden Sie nicht mehr tun?

- Auf welche Gewohnheiten werden Sie zugunsten Ihres Zieles verzichten? (z.B. nicht hungrig einkaufen gehen, Nebenmahlzeiten und Snacks streichen, langsamer essen, Zucker weglassen ...).

So geht es leichter

Hier ist eine Sammlung von bewährten Tipps, die Ihnen helfen können, wenn Sie schwankend werden:

- Vergeben Sie sich. Seien Sie verständnisvoll, wenn Sie doch einmal „gesündigt" haben! Schuldgefühle begünstigen nur das Aufgeben nach dem Motto: „Jetzt ist eh schon alles egal!" Was würden Sie einem guten Freund in dieser Lage sagen? Erinnern Sie sich an Ihre Motive. Haben Sie ein Ziel-Album gemacht? Warum haben Sie den Vorsatz gefasst?
- Sind Sie enttäuscht von Ihren Fortschritten? Haben Sie mehr erwartet? Überprüfen Sie, ob die Methode für Sie optimal ist und holen Sie sich Rat bei Fachleuten, denen Sie vertrauen. Falls Sie allein sind, schließen Sie sich einer Gruppe an, die wirklich entschlossen ist – das hilft.
- Wir brauchen Optimismus, um Veränderungen in Gang zu setzen. Aber wir müssen der Versuchung widerstehen, nur unser momentanes Gefühl zu ändern und nicht auch unser Verhalten. Lassen Sie sich nicht einlullen. Die Idee eines Neubeginns entlastet oft sofort. Je wichtiger das Ziel, desto größer das Gefühl der Erleichterung. Alles wird anders werden – besser! Aber der Weg ist mühsam, die ersten Erfolge sind überschaubar und von Rückschlägen belastet. Da kommen dann Frust auf und Enttäuschung.

- Vermeiden Sie *schlechte Gesellschaft*. Gibt es Menschen, in deren Gesellschaft Sie sich regelmäßig gehen lassen? Ist das gemeinsame *Sich-Gehenlassen* der Kitt für die Beziehung? Wenn Sie fürchten müssen, dass Sie sich in Ihrem Freundes- und Bekanntenkreis *anstecken*, dann sollten Sie sich überlegen, wie Sie diese Beziehung erhalten können, ohne Ihre Ziele zu sabotieren. Vielleicht gelingt es Ihnen ja, in dieser Runde einige Verbündete für Ihre Pläne zu finden. Wenn nicht, dann bleibt nur der Rückzug.
- Den Nachschub einschränken. Am besten ist, Sie haben keine Dickmacher in Reichweite. Die zweitbeste Lösung ist, Sie führen eine Regel ein: jeden Tag gibt es nur X davon. Regeln geben unserem Verhalten Struktur, und es fällt uns dann leichter zu widerstehen.
- Lob für Fortschritte ist ungünstig für die Rückfall-Prognose. Ein Schritt nach vor erlaubt uns vielleicht zwei zurück zu machen. Es ist daher klüger, nicht den Fortschritt zu feiern, sondern Ihren Grund für den erfolgreichen Widerstand gegen die Schwäche: *ich passe schon fast in die Jeans!*
- Gehen Sie nicht in die „Morgen ist auch noch ein Tag"-Falle. Morgen wird das Kräfteverhältnis im Konflikt zwischen *Jetzt-Haben* und *Ich-Will-Sein* nicht anders sein als heute. Machen Sie den ersten Schritt sofort. Einen kleinen, wenn Sie noch

unsicher sind, ob Sie es schaffen. Jeder einzelne kleine Erfolg wird Ihre Willenskraft stärken.

- Fragen Sie sich: wann werde ich vermutlich aufgeben? Was werde ich mir sagen, damit ich aufschieben kann? Versuchen Sie sich in diese Situationen einzuleben und zu registrieren, wie sich ein typischer Vorgang des Aufgebens entwickelt. Welche Strategien haben Sie dagegen? Stellen Sie sich vor, wie Sie eine solche Strategie erfolgreich anwenden. Beziehen Sie aus diesen Gedankenspielen die Sicherheit dafür, dass Sie tun werden, was nötig ist.
- Achten Sie auf den Halo[11]-Effekt. Wer ein gesundes Mahl bestellt, der fühlt sich oft berechtigt, beim Drumherum um so heftiger zu sündigen. Sogar ein Cheeseburger wird mit zusätzlichen Salatblättern als gesünder empfunden. Die Salatblätter verleihen ihm einen *Heiligenschein*. Einkäufer von Geschenken fühlen sich wegen des Halo-Effektes so gut, dass sie sich gleich auch selbst beschenken (Damenschuhe und Kleider für den Eigenbedarf machen den größten Anteil an den frühen Weihnachtseinkäufen aus).
- Moral und Essen. Wenn wir über Essen in Kategorien von gut oder böse denken, dann überwältigt ein gutes Gefühl unseren Verstand. Wir sind nur zu

11 Englisch für Lichterkranz, Heiligenschein.

bereit, auf ein vorgeschobenes Argument (fettfrei, bio, light) zu reagieren und diese *guten* Produkte zusätzlich zu den *bösen* zu konsumieren. Je mehr uns an gesunder Ernährung liegt, desto eher werden wir Opfer dieser (Selbst-)Täuschung.

- Entwöhnung macht anfällig für Problemverhalten außerhalb des Fokus der Selbstkontrolle. Raucher beginnen zu naschen. Diät halten begünstigt Seitensprünge (laut einer Studie unter Studenten in Kalifornien!).
- Selbstzufriedenheit wird häufig zum Stolperstein: *Das hab ich mir jetzt verdient!* Jemand möchte abnehmen, besucht ein Fitnessstudio, ist daraufhin so begeistert von sich, dass er sich beim Essen mehr Freiheiten erlaubt. Ergebnis: mehr Gewicht als zuvor. Nicht die einzelne Aktion mit dem Ziel verwechseln.
- Vermeiden Sie die Moral-Falle: heute war ich brav, deshalb darf ich mir jetzt ein paar böse Happen erlauben. Bringen Sie sich in Erinnerung, was Ihr Ziel ist. Nicht brav sein, sondern etwas Speck loszuwerden oder das Cholesterin zu senken steht auf dem Programm.
- Am Morgen ist unsere Willenskraft stärker als am Abend. Wenn das bei Ihnen auch so ist, dann treffen Sie Entscheidungen über Ihren Speisezettel lieber am Vormittag als am Abend.
- Die 5-Minuten-Regel anwenden. Vor jeder Ent-

scheidung für eine *Sünde* pausieren Sie fünf Minuten, um sich klar zu werden, ob das jetzt sein muss oder ob Ihnen Ihre Ziele nicht doch wichtiger sind.

- Sie können nur kontrollieren, was Sie kennen. Wie viele Entscheidungen rund um das Essen treffen Sie täglich? Die meisten Befragten vermuten etwa ein Dutzend. Führen Sie einen Tag lang eine Strichliste und Sie werden überrascht sein, wie aktiv *Jetzt-Haben* kulinarisch ist. Manche bringen es auf über 100 Ess-Impulse am Tag, da ist eine Menge Kontroll-Arbeit nötig.
- Ess-Impulsen ausweichen: z.B. einen großes Glas Wasser trinken, kalorienarme Kekse mümmeln.
- Sich ablenken: aufstehen, ein paar rasche Bewegungen machen, Atemübungen (z.B. Ausatmung etwas verlängern), Umgebung und Tätigkeit wechseln, Zerstreuung suchen
- Ess-Impulse abwehren: Ihr Ziel-Album durchblättern, Liste der negativen Konsequenzen durchgehen (Belohnung gestrichen, Wette verloren, Blamage erlitten, Selbstvertrauen geschwächt ...).
- Wenn es darum geht, etwas zu tun, wozu Sie keine Lust verspüren (flotter Marsch am Abend) können Sie die 5-Minuten-Regel einfach umdrehen: ich werde das jetzt fünf Minuten durchziehen, danach kann ich immer noch aufhören, wenn ich will.

Frau C. hatte seit einiger Zeit Probleme in ihrem Beruf als kaufmännische Leiterin einer kleinen Handelsfirma. Die Umsätze waren zuletzt zurückgegangen und das hatte die Stimmung im Unternehmen nachhaltig belastet. Unsicherheit breitete sich aus und das bis dahin freundschaftliche und vertrauensvolle Klima zwischen den Mitarbeitern hatte gelitten. Der Versuch, dem entgegenzuwirken war für Frau C. sehr anstrengend, weil ihre eigene Situation ja ebenfalls ungeklärt war und sie sich niemandem anvertrauen konnte. Nach einiger Zeit stellten sich Schlafstörungen ein. Frau C. fühlte sich von nun an völlig erledigt, wenn sie nach Hause kam. Unfähig noch etwas mit sich anzufangen, blätterte sie auf ihrer Couch durch Zeitschriften und Kataloge. Dazu trank sie jetzt regelmäßig einige Gläschen Rotwein und naschte ihre Lieblingskekse „zur Entspannung und zum Einschlafen", wie sie meinte. Aber ihre Schlafprobleme wurden immer größer, so suchte sie schließlich ihren Hausarzt auf. Der fand nichts „Organisches" und gab ihr den guten Rat, eine Yoga-Klasse zu besuchen, die seine Kollegin organisiert hatte. Frau C. überwand sich an einem der nächsten Abende und schleppt sich widerwillig in das Yoga-Institut. Sie verließ es wie neu geboren und war darüber total perplex, hatte sie doch vorher das Gefühl gehabt, völlig erledigt zu sein. Sie ging von da an regelmäßig hin und ihre Schlafstörungen verschwanden allmählich. Allerdings: Wenn sie sehr gestresst ist, dann fällt sie gelegentlich noch zurück auf ihre Couch-Rotwein-Keks-Strategie; obwohl sie weiß, dass sie das nicht entspannt, sondern nur „belämmert" macht, wie sie sagt.

Aber auch dafür hat sie sich mittlerweile verschiedene Lösungen überlegt: Sie wird künftig eine flotte 10-Minuten-Runde um das Haus gehen, ehe sie sich auf die Couch fallen lässt. Sie schreibt sich eine Erinnerung nieder, wie toll sie sich nach dem Yoga gefühlt hat und hängt sie an den Kühlschrank ...

Frau C. hat verstanden wie *Jetzt-Haben* funktioniert und sie entwickelt laufend neue Strategien, um sich gegen diese Impulse zu wehren. Sie wählt immer öfter Entspannung statt Dröhnung und spürt die positiven Auswirkungen auf ihren Schlaf und ihre Gesundheit. Mit ihrem neuen Verhalten aktiviert sie biologische Systeme, die helfen, Stress abzubauen, anstatt ihn nur zu überdecken.

So entzaubern Sie Ihre Versucher

Wenn Sie gestresst oder müde sind, welche Art von Kalorien zwingen Ihre Widerstandskraft regelmäßig in die Knie? Süß oder sauer? Kuchen, Chips, Pralinen, Bier, Wein ...? Wir wählen für dieses Beispiel einer *Entzauberung* eine Praline:

- Nehmen Sie eine Praline in die Hand, wie schwer ist sie? Ist ihre Form regelmäßig? Schnuppern Sie daran – wonach riecht sie genau?

- Richten Sie dann Ihre Aufmerksamkeit in Ihr Inneres. Wenn es Ihrer Konzentration nützt, schließen Sie dabei die Augen.
- Achten Sie ein, zwei Minuten auf die innere Spannung, ob sich Erwartung oder Erregung aufbaut, ob Ihr Mund wässrig wird ...
- Geben Sie Ihrem Verlangen nun nach. Nehmen Sie die Praline in den Mund und registrieren Sie dabei aufmerksam ihre Empfindungen von Geschmack, Konsistenz und Geruch.
- Entspricht die Erfahrung Ihren Erwartungen oder gibt es einen Unterschied?
- Ist Ihr Verlangen nach Süßigkeiten jetzt befriedigt oder bleibt es bestehen?

Vielleicht erkennen Sie jetzt, dass Ihr Verlangen ein Manöver Ihres *Jetzt-Haben* ist, um Ihre Aufmerksamkeit auf etwas zu lenken, das ihre Stimmung hebt, Ihre Unruhe beschwichtigt? Das Ergebnis dieser Übung ist häufig, dass man sich nach der bewusst erlebten Enttäuschung (Unterschied zwischen hoher Erwartung und mäßiger Befriedigung) eher gegen den Impuls entscheiden kann. Dieses Verfahren können Sie auf verschiedene Bereiche anwenden, in denen Sie sich mehr Selbstkontrolle wünschen.

Auch Shopping ist für viele zu einem Teil ihres Unterhaltungs- und Ablenkungsprogramms geworden. Aber oft sieht die eben gekaufte Bluse zu Hause nicht mehr so toll aus wie im Geschäft. Das ist deshalb so, weil unsere Einkaufsstraßen raffiniert gebaute Illusions-Maschinen sind, die auf Schwächung unserer Widerstandskraft abzielen.

Natürlich sind weder der Genuss von guten Pralinen noch der Einkaufsbummel für sich genommen problematisch. Verlieren wir aber die Kontrolle darüber, dann können die langfristigen Konsequenzen sehr unangenehm werden:

Viele kaufen dann Dinge, die sie nicht brauchen mit Geld, das sie nicht haben, um Leute zu beeindrucken, die ihnen gleichgültig sind.

Deshalb zur Vorbeugung noch eine einfach anzuwendende Übung, die Ihre Willenskraft stärken und Ihr allgemeines Wohlbefinden verbessern wird:

Kurz-Meditation für mehr Willenskraft

Regelmäßige Meditation ist ein exzellentes Willenskraft-Training. Jeden Tag nur einige Minuten zu meditieren, bringt schon gute Ergebnisse. Selbst wenn Sie sich beim Meditieren zu Anfang unwohl fühlen sollten, stellt sich die positive Wirkung ein. Meditierende finden es leichter, das Rauchen zu lassen, abzunehmen und nüchtern zu bleiben. So geht es:

- Schaffen Sie sich eine ruhige Umgebung, in der Sie 15 Minuten ungestört sind.
- Setzen Sie sich auf einen bequemen Stuhl. Rücken

gerade, aber nicht steif. Die Füße flach am Boden. Die Hände im Schoß.

- Bewegen Sie sich nicht – das ist die körperliche Seite der Selbstkontrolle. Falls es irgendwo juckt, versuchen Sie das durch eine leichte Änderung der Position abzustellen.
- Schließen Sie Ihre Augen oder, falls Sie Sorge haben einzuschlafen, fixieren Sie einen Punkt vor sich.
- Achten Sie auf Ihren Atem, ohne ihn zu beeinflussen und begleiten Sie die Atmung mit einem gedachten *einatmen*, *ausatmen* und *Pause*. Wenn Ihre Gedanken vom Atem abschweifen, führen sie sie wieder zurück.
- Nach einigen Minuten stoppen Sie den inneren Kommentar (*einatmen* etc.) und achten nur noch darauf, wie der Atem durch Mund und Nase aus- und einströmt; wie sich Ihr Oberkörper hebt und senkt.
- Die Aufmerksamkeit wird nun eher abwandern als vorher, und Sie führen sie jedes Mal wieder zum Atem zurück. Ist das zu schwierig, dann versuchen Sie es eine Zeitlang wieder mit dem inneren Kommentar *einatmen*, *ausatmen*, *Pause*.

Fünf Minuten am Tag sind zu Beginn ausreichend. Steigern Sie sich auf 10 bis 15 Minuten täglich. Aber bedenken Sie: fünf Minuten tatsächlich meditiert sind besser als aufgeschobene fünfzehn! Auch wenn Sie sich zu Beginn vielleicht schwer tun, machen Sie einfach weiter. Verwechseln Sie nicht die Anfangs-Schwierigkeiten mit der Wirkung.

Auch jemand, der sich nicht genügend konzentrieren kann, wird feststellen, dass er im Alltag an Achtsamkeit und Selbstkontrolle gewinnt. Unsere Gedanken schweifen zu lassen und dann wieder zu fokussieren, entspricht unserem Erleben: Noch ein Achterl Wein mehr zu wollen und den Wunsch dann zu verwerfen, die Schachtel Pralinen gedankenverloren leeren oder beizeiten wegräumen, einen sarkastischen Kommentar auf den Lippen haben, um ihn dann doch noch zu verschlucken. Wie beim Autofahren müssen wir lernen, stetig kleine Abweichungen von unserem Kurs auf dem Weg zum Ziel zu korrigieren. Beginnen Sie noch heute mit ihrer ersten Achtsamkeits-Fahrstunde, es lohnt sich!

Was ist Ihr stärkstes Motiv?

Zum Schluss noch ein Tipp: Finden Sie heraus, was der entscheidende Antrieb für Sie ist, Ihre Herausforderung anzunehmen. Hier ist eine Geschichte zum Thema Motivation, die Ihnen bei der Suche helfen kann:

Herr B. war ein passionierter Raucher, der sein kleines Laster auch durch die schweren Zeiten der Raucher-Verfolgung tapfer verteidigte. Das war für ihn eine Frage des Charakters. Allerdings hatte er schon einige

Versuche unternommen, vom Glimmstängel wegzukommen. Aber immer dann brach irgendein berufliches Problem aus, und er fand sich wieder in der Raucherecke im Hof ein. B. hatte sich damit abgefunden, dass er mit der Zigarette alt werden würde. Alles kein Drama, sein rauchender Onkel war über 80 und fit, und ein 93 Jahre alter ehemaliger Bundeskanzler qualmte sich recht aufgeräumt durch deutsche Talkshows. Am Tag, der alles veränderte, kam er vom Büro nach Hause und traf seine kleine Tochter bitterlich weinend an. Als er sie beruhigt hatte, wollte er wissen, was sie so traurig gemacht hatte. Schluchzend sagte sie: „Papa, ich wünsche mir so sehr, dass Du mich einmal zum Traualtar führst, wenn ich heirate." „Aber natürlich", meinte Herr B. lächelnd, „darauf freue ich mich ja auch schon." „Ja, aber wenn du rauchst, dann wirst du ja vorher sterben!", brach es aus seinem Engel heraus, und das Heulen setzte mit neuer Heftigkeit wieder ein. Herr B. verdammte in Gedanken den Biologie-Lehrer seiner Tochter. Aber was konnte er tun? Er versprach ihr hoch und heilig, nie wieder zu rauchen, und um sie zu überzeugen warf er das Päckchen Zigaretten demonstrativ in den Müll. Und Herr B. hielt sein Versprechen.

Glücklich und zufrieden?

Guter Mensch oder gute Laune,
beides zugleich geht nicht.

Volksglaube

Happy ist englisch und wird meist mit *glücklich* übersetzt. Es bedeutet aber auch *zufrieden*. Das ist die Bedeutung, die wir meinen. Denn was ist Glück? „Ein Vogerl“, unstet und nicht zu fassen wie im Wienerlied? Oder wie bei der Tante Jolesch das knappe Vorbeischrammen am Unglück? Ein Gewinn im Lotto? Mit einem geliebten Menschen zusammen sein? Wunschlos zu sein? Einer ist glücklich, ein Ticket für die populäre Volksmusikshow ergattert zu haben, der andere schätzt sich glücklich, nicht dabei sein zu müssen.

Der Begriff *Glück* ist zu beliebig, unklar und abgenutzt. Wir halten uns daher lieber an die andere Bedeutung von *happier: zufriedener*. Ein zufriedeneres Leben ist ein lohnendes Ziel für uns alle! Aber auch im Umgang mit der *Zufriedenheit* scheint etwas Vorsicht geboten:

- Im Sinne „von *sich zufrieden geben*“ genießt der Begriff keinen guten Ruf. Viele wollen sich so weit wie möglich entwickeln, gehen mit großen Erwartungen ans Leben heran und empfinden *sich-zufrieden-geben* als eine Niederlage.

- Auch *Selbst-Zufriedenheit* ist keine Hilfe auf der Suche nach Happiness. Es sich in seiner Komfortzone gemütlich zu machen, führt meist in den lähmenden Stillstand.

Wirkliche Zufriedenheit hat damit zu tun, dass wir unsere besten Fähigkeiten einsetzen können und dafür Anerkennung, Status und Wertschätzung erhalten. Empfehlenswert ist es dabei allerdings, eine sportliche Einstellung zu wahren. Jeder Leistungssportler möchte zwar auf dem Siegespodest stehen, gewinnen können aber nur wenige. Ein Athlet lernt daher zunächst ein guter Verlierer zu sein, während er sich in Richtung Spitze vorarbeitet. Aber nur für wenige erfüllt sich der Traum vom ganz großen Triumph. Müssen die Unterlegenen deshalb unzufrieden sein mit ihrem Leben? Sicher nicht: sie haben ein respektiertes Ziel verfolgt, ihre Fähigkeiten entwickelt, kleinere Erfolge erzielt, sind herumgekommen, haben interessante Menschen kennen gelernt und konnten dabei die ganze Zeit das tun, was sie am liebsten machen: ihren Sport ausüben.

Wie geht es Ihnen jetzt? Vielleicht haben Sie es sich mit einer Tasse Kaffee und dem Buch gemütlich gemacht, und die nächste Stunde gehört Ihnen. Sie würden die Frage vermutlich positiv beantworten. Ob Sie mit Ihrem Leben zufrieden sind, würde etwas mehr Überlegung erfordern. Dann kämen Ihre Erinnerungen ins Spiel und Ihre Erwartungen für die Zukunft, und das könnte Ihr Urteil stark verändern. Der Unterschied zwischen dem momentanen Empfinden und der generellen Lebens-Zufriedenheit ist wichtig für das Verständnis unseres Zuganges.

Es erscheint vielleicht unlogisch, dass unsere Lebens-Zufriedenheit davon abhängen soll, ob wir uns Ziele setzen und sie konsequent verfolgen. Wer zufrieden ist, braucht sich nicht mehr groß anzustrengen, könnte man meinen. Aber die Erfahrung lehrt, was auch Studien schon lange belegen: wir möchten uns entwickeln, unsere persönlichen Stärken erkennen und einsetzen können, um die Anerkennung unserer Umgebung zu gewinnen. Erst wenn uns das gelingt, sind wir wirklich zufrieden. Viele denken bei Entwicklung vor allem an zusätzliche Kompetenzen, die im Berufsleben wertvoll sein könnten. Das steht in diesem Programm aber eher im Hintergrund, denn unsere Lebenszufriedenheit hängt nicht entscheidend von unserem Erfolg im Beruf ab. Wovon dann? Die ernst zu nehmende Glücksforschung nennt die folgenden Voraussetzungen für Lebenszufriedenheit:

1. Mehr positive als negative Gefühle erleben.
2. Zufriedenheit mit seinem Leben finden.
3. Seine Stärken und Talente erkennen und nützen.
4. Aktiv und engagiert sein.
5. Positive Beziehungen in Familie, Nachbarschaft, Arbeit.
6. Zum Wohl seiner Gemeinschaft beitragen.
7. Den Sinn seines Lebens suchen.

Vielleicht fehlt Ihnen auf dieser Liste Geld? Es zeigt in allen Untersuchungen einen positiven Zusammenhang mit Lebenszufriedenheit. Zu wenig Geld ist belastend. Aber über eine bestimmte Schwelle hinaus leistet mehr Geld einen immer kleineren Beitrag zur Zufriedenheit. Steigender Reichtum in den wohlhabenden Industrienationen erhöht die Lebenszufriedenheit nicht. Ein Beleg hierfür ist auch, dass eine EU-Untersuchung (Eurobarometer 2011) über die Lebenszufriedenheit in den 27 Mitgliedsländern Österreich und Deutschland lediglich im Mittelfeld platziert. Die beiden Länder schneiden jedoch bei den meisten wirtschaftlichen und sozialen Vergleichen am besten ab (z.B. Arbeitslosigkeit, Gesundheitssystem, Wirtschaftswachstum).

Der Ötzi in uns

Wir sind die Nachfahren von Sammlern und Jägern, die in einer gefährlichen Umgebung erfolgreiche Strategien zum Überleben entwickelt haben. Einige dieser Strategien prägen unser Verhalten noch heute: stete Wachsamkeit gegen mögliche Gefahren, Misstrauen gegen Fremde, Angst vor Ausgrenzung. Diese stetige Wachsamkeit gilt nicht nur der Umwelt, sondern vor allem auch den Menschen, denen wir begegnen. Denn von rivalisierenden Horden ging die größte Gefahr für unsere Vorfahren aus. Dem römischen Dichter Plautus wird die Erkenntnis zugeschrieben: *homo homini lupus est* (lat. *der Mensch ist des Menschen Wolf*).

Unsere verblüffende Fähigkeit, ein vertrautes Gesicht in einer Menschenmenge zu erkennen, kommt nicht von ungefähr – Stammes-Angehörige und Fremde blitzartig auseinanderzuhalten, konnte lebenswichtig sein. Ähnliches gilt, wenn wir im fröhlichen Lärm einer Party unseren Namen genannt hören. Sofort sind wir hellwach: was wird über uns gesagt? Denn neben der Bedrohung durch Umwelt und Tiere gibt es die soziale, die nicht minder schwerwiegend ist. Wie unsere kleine Horde zu uns stand, war für unser Überleben und unsere Chancen zur Fortpflanzung entscheidend.

Die Fähigkeit, Bedrohungen in der Umwelt und in unseren Beziehungen frühzeitig zu erkennen, war so wichtig, dass sie mit einem unserer mächtigsten Systeme kurzgeschlossen ist: dem Stresssystem. Wir müssen nicht erst überlegen, ob wir ausreichend Energie haben, vor einer Gefahr wegzulaufen oder uns gegen einen Übergriff zu wehren. Unser Stresssystem regelt das automatisch für uns, stellt die Körperfunktionen im Nu so um, dass uns maximale Energie für Kampf oder Flucht zur Verfügung steht. Begleitet werden diese Reaktionen von starken negativen Gefühlen wie Angst und Wut.

Das Stress-System dominiert aber auch in unserer befriedeten Umgebung das emotionale Leben. Wie ein *Risiko-Radar* richtet es unsere Aufmerksamkeit stets auf mögliche Konflikte und Probleme. Warum sieht uns der Fremde in der stillen Gasse so merkwürdig an? Aha, er hat sich bloß verlaufen und fragt nach dem Weg. Das uralte *Risiko-Radar* zieht meist die gefährlichere Variante in Betracht. Ein Irrtum könnte ja tödlich sein. Die Bereitschaft, immer mit dem Schlimmsten zu rechnen, kann einen harmlosen Streit zum Familiendrama aufschaukeln, eine schwierige Aufgabe kann uns den Angstschweiß ins Gesicht treiben und ein verkraftbarer Rückschlag in einem Projekt eine lähmende Niedergeschlagenheit auslösen.

Unsere positiven Erlebnisse haben dagegen keinen so mächtigen Emotions-Verstärker wie das Stresssystem. Nehmen Sie an, Sie kommen beeindruckt aus dem Konzert, dem Theater oder Kino. Das Erlebnis hat etwas in Ihnen zum Schwingen gebracht, das Ihnen wichtig ist und das Sie sich bewahren möchten. Aber bei der Ausfahrt vom Parkplatz nimmt Ihnen jemand rücksichtslos die Vorfahrt. Wie weggeblasen ist das Hochgefühl, stattdessen ärgern Sie sich jetzt: So ein ... !!

Unser Negativ-Radar sitzt auf dem längeren Ast, wenn es um den Einfluss auf unsere Stimmung geht. Es ist viel älter als unsere Fähigkeit zur vernünftigen Abwägung von Informationen und wesentlich besser vernetzt mit unseren Körperfunktionen. Wenn wir also nicht bewusst eingreifen, dann überlassen wir die Steuerung unseres Gefühlslebens einem Steinzeitmenschen, der noch dazu an Verfolgungswahn leidet, weil er ständig und überall Bedrohungen wittert. Dieselben Fähigkeiten, die vor Jahrtausenden das Überleben unserer Gattung gesichert haben, bereiten uns in der befriedeten Gesellschaft von heute Probleme aller Art. Wer seine Grundstimmung und damit seine Lebensqualität verbessern möchte, hat drei Möglichkeiten, an denen er ansetzen kann.

→ Wo geht's hier nach

Drei Wege nach Happier

Ist jemand, der nicht deprimiert ist, deshalb schon als glücklich zu bezeichnen? Jemand ohne Krankheitssymptome als gesund? Die Psychologie hat lange nach diesem Prinzip gearbeitet. Wie die Medizin auch, hat sie ihre Aufmerksamkeit in Forschung und Praxis auf die Erkrankungen konzentriert, um das Leid von Menschen zu verstehen und zu lindern. Die Vorbeugung psychischer Erkrankungen ist daher ein relativ junges Feld und die Positive Psychologie gar, in der es um die Erforschung und Vermittlung des *gelungenen Lebens* geht, ist erst ein Dutzend Jahre jung. In den vergangenen Jahren hat man allerdings große Fortschritte gemacht und die Ergebnisse dieser Arbeiten können uns helfen, ein besseres Leben zu führen.

Wenn wir unsere Stimmung nachhaltig verbessern möchten, dann haben wir drei Ansatzpunkte:

1. Die negative Wirkung von Problemen und Konflikten entschärfen,
2. Positive und bestärkende Erlebnisse aufwerten und mehr Achtsamkeit dafür entwickeln,

3. Zeit und Energie in Zufriedenheit und Erfüllung investieren, anstatt Impulsen von *Jetzt-Haben* (siehe Kapitel 1) nachzujagen.

Wir stellen Ihnen hier einige dieser interessanten Ideen und ihre Anwendung vor.

Probleme und Konflikte entgiften

Unsere Studien[12] zum Stress- und Burnout-Risiko mit etwa 18.000 Teilnehmern haben uns ein realistisches Bild von den Problemen und Konflikten gegeben welche Menschen heute belasten. Tausende unserer Studien- und Seminarteilnehmer (Ärzte, Lehrer, Angestellte, Richter, Manager, Krankenschwestern und Freiberufler) haben in ihren eigenen Worten beschrieben, was genau ihnen das Leben schwer macht. Ein richtiggehender Giftschrank hat sich da in unserer Test-Datenbank angesammelt.

Häufig war das eine sehr bedrückende Aufgabe, System in diese resignierten, wütenden, ärgerlichen und verzweifelten Stimmen zu bringen, damit wir sie analysieren und gewichten konnten. Aber diese mühsame Arbeit erbrachte ein sehr wichtiges Ergebnis, das die Ansichten über das Entstehen von Stress und Burnout verändert hat. Die größte Gefahr für die Gesundheit geht nicht vom erhöhten Arbeitsdruck, der ausufernden Bü-

12 Hinweise auf unsere Forschung im Rahmen der Arge Burnout finden Sie auf www.happier.at.

rokratie oder den steigenden fachlichen Anforderungen aus. Entscheidend ist die Qualität der Beziehungen zu Kollegen und Vorgesetzten. Wer damit Probleme hat, ist wesentlich gefährdeter und belasteter als andere. Unser erster Rat an die Teilnehmer unserer Seminare ist daher, ihre Beziehungen am Arbeitsplatz zu vertiefen, einander zu unterstützen, besser auf einander zu achten, um die Stressgefahr einzudämmen.

Was uns nicht umbringt macht uns härter!

> *Im Ring oder außerhalb – es ist kein Problem zu Boden zu gehen.*
> *Unten zu bleiben, das ist ein Problem.*
>
> Muhammed Ali

Schwierigkeiten können uns wachsen lassen oder völlig überwältigen. Dabei kommt es nicht nur darauf an, wie widerstandsfähig jemand ist. Auch die Unterstützung durch das Umfeld ist entscheidend dafür, ob man rechtzeitig wieder auf den Beinen ist. Manager, die noch nicht die Erfahrung des Scheiterns gemacht haben, sind nicht erste Wahl, wenn es um die Besetzung einer verantwortungsvollen Position geht. Die Annahme dahinter ist, dass ein durchlebtes Scheitern zu mehr Realismus und Selbsterkenntnis führt und dem Wunsch, es das nächste Mal besser zu machen.

Probleme mit dem Wachstum nach Niederlagen haben allerdings Menschen wir Herr H., der in einem Seminar von seinen Schwierigkeiten berichtet hat:

Herr H. hatte seinen gut dotierten Job als Vertriebsmanager in einem technischen Unternehmen verloren. Die Branche war schwierig geworden, und er war Opfer einer der zahlreichen Fusionen, die daraus resultierten. Die erste Zeit danach war er fast erleichtert, dass er nun mehr Zeit zu Hause verbringen, seine heranwachsenden Kinder sehen und sich in Ruhe neue berufliche Perspektiven überlegen konnte. Dann zeigte sich, dass der berufliche Wiedereinstieg nicht so glatt verlaufen würde wie erhofft. Die Absagen auf seine Bewerbungen häuften sich und jede einzelne entmutigte ihn ein wenig mehr. Seine Lust, sich um eine Stelle zu bemühen, sank gegen null. Am liebsten hätte jetzt er die entwürdigende Anbiederei ganz sein lassen – aber seine finanziellen Reserven gingen zu Ende. Ein Freund gab ihm schließlich den Rat, mehr auf seine Selbstgespräche zu achten. Wie erklärte er sich seine Situation? Das sei entscheidend dafür, dass er die Energie aufbringen könne, wieder auf die Beine zu kommen:

Zu vermeiden seien die folgenden drei Muster von Selbstgesprächen:

- *Persönlich nehmen:* Es liegt an mir, dass ich nichts finde. Etwas an mir ist nicht so, wie es sein müsste, um erfolgreich zu sein.

- *Das bleibt so:* Die Branche insgesamt ist erledigt.
- *Meine Existenz ist ruiniert:* Sein Problem bleibt nicht auf das Berufsleben beschränkt, sondern belastet sein Leben.

Das Ergebnis eines solchen Haderns mit sich und den Umständen ist typisch für Menschen, die lange Phasen von Niedergeschlagenheit durchleben, in denen sie nicht die Kraft finden, sich aus ihrer misslichen Lage zu befreien.

Unsere Tests haben gezeigt, dass zwischen 20 und 25 Prozent unserer Seminarteilnehmer zu solchen pessimistischen Überlegungen neigen, wenn sie in Schwierigkeiten sind. Wenn Sie sich angesprochen fühlen, empfehlen wir Ihnen die folgende Übung zu machen.

- Denken Sie an ein Problem oder einen Konflikt, der sie unlängst beschäftig hat. Was genau haben Sie erlebt?
- Wie haben Sie sich danach gefühlt? Verletzt? Wütend? Traurig?
- Welche Selbstgespräche haben Sie geführt? Wie haben Sie sich das Erlebte erklärt? Hat diese Erklärung Ihre Gefühle mit verursacht?
- Gibt es eine andere Erklärung für Ihr Erlebnis? Eine, die Ihnen weniger zu schaffen macht?
  - Sind Sie allein verantwortlich oder sind es nicht auch Zufälle und Umstände? Können Sie aus dem Problem lernen?

    - Können sich Umstände nicht wieder zum Besseren wenden? Gab es nicht zu allen Zeiten das zyklische Auf und Ab?
    - Partner, Familie und Freude unterstützen Sie vermutlich lieber, wenn Sie optimistisch sind und sich dankbar zeigen.
- Wie wahrscheinlich ist diese harmlosere Erklärung im Vergleich zur unangenehmen?
- Wenn Sie die harmlosere Erklärung akzeptieren, fühlen Sie sich dann besser?

Die Art und Inhalte unserer Selbstgespräche sind uns nicht wirklich bewusst. In der Therapie von Depressionen wurde zuerst erkannt, dass sie eine wichtige Rolle spielen. Jemand, der sich Probleme auf die oben zuerst gezeigte Weise erklärt, ist wesentlich anfälliger für depressive Phasen.

Das andere Gebiet, in dem diese Methode erfolgreich angewendet wird, ist der Spitzensport. Wenn es heißt, die Ursache für den Erfolg oder die Niederlage sei vor allem *im Kopf* des Athleten zu suchen, dann geht es in erster Linie um stärkende oder schwächende Selbstgespräche.

Sie können sich diese Erfahrungen zu Nutze machen, wenn Sie etwas Aufmerksamkeit dafür entwickeln, was in Ihrem Kopf vorgeht, wenn Sie auf Schwierigkeiten stoßen.

Brauni und Stress

Die meisten unserer Seminarteilnehmer machen die Bekanntschaft mit *Brauni,* dem Braunbären. Sein Bild ziert eine Folie, mit der wir erklären, was der Unterschied zwischen unschädlichem und krank machendem Stress ist. Diese Erklärung geht ungefähr so:

Stellen Sie sich vor, durch die Tür da vorne kommt dieser Brauni herein und fletscht die Zähne. Wir springen auf, rennen zur Türe hinten hinaus; die Mutigsten unter uns halten ihn mit ihren Stühlen so lange auf, bis alle in Sicherheit sind. Türen zu und auf die alarmierte Tierrettung warten.

Für solche Aktionen ist unser Stress-System gemacht. So haben der Ötzi und seine Vorfahren durchgehalten in der Savanne und auf dem Gletscher. Unser Puls beruhigt sich wieder, einige Minuten nachdem *Brauni* artgerecht abtransportiert wurde, Verstauchungen und blaue Flecken sind versorgt und am Abend haben wir kein Problem mehr, aber dafür eine tolle Geschichte, mit der wir noch unsere Enkel quälen werden. *Bitte Opa! Nicht schon wieder der Brauni!*

In unseren Büro-Savannen geht die Bedrohung nicht von Raubtieren aus, sondern von Vorgesetzten und Kollegen, mit denen wir Konflikte haben. Das haben unsere Studien in den letzten Jahren belegt. Um das nachfühlbar zu machen, erzählen wir eine leicht modifizierte Version der Geschichte:

Stellen Sie sich vor, Ihnen würde beim Betreten dieses Hotels mitgeteilt, dass durch den Seminartrakt seit einiger Zeit ein Braunbär geistert. Man habe ja alles getan, um ihn zu vertreiben, aber letzte Sicherheit gäbe es nicht. Die Viecher sind ja nicht berechenbar! Sie werden gebeten, vorsichtig zu sein, man könne leider keinerlei Haftung übernehmen ...

Wie würden Sie sich in dem Hotel fühlen und verhalten? In ständiger Alarmbereitschaft. Keine ruhige Minute haben. Ständig mit dem Schlimmsten rechnen. So ergeht es vielen am Arbeitsplatz. Ihr Brauni ist ein Chef oder Kollege, dem sie nicht aus dem Weg gehen können. Der sie womöglich missachtet oder schikaniert, ohne dass sie sich zur Wehr setzen könnten. Solch ein unentrinnbarer Beziehungs-Stress macht viele krank.

Einen Fehlalarm ausschalten

Als ob es nicht schon genügend reale Beziehungs-Probleme gäbe, mit denen man zurecht kommen muss, lösen wir hin und wieder auch noch zusätzlich *falschen Alarm* aus. Wir glauben in anderen Anzeichen von

____

(bitte Ihre Lieblings-Animosität ergänzen) zu erkennen und unser Urteil steht fest: so ein

____

(nach Belieben ergänzen, es sei denn, Minderjährige hätten Zugang!).

Da Konflikte und soziale Probleme im Stress- und Burnout-Prozess eine so große Rolle spielen, arbeiten wir in Seminaren meist an solchen Fragestellungen. Dabei hat sich eine relativ einfach anzuwendende Methode bewährt, mit der es gelingen kann, einen *Fehlalarm* zu bearbeiten:

1. Schritt: Beschreiben Sie hier möglichst detailliert das störende Verhalten des Betreffenden (*Brauni*):

____

____

____

____

____

2. Schritt: Was löst dieses Verhalten in Ihnen aus? Was sind Ihre Gefühle?

____

____

____

____

____

3. Schritt: Welche Gründe für dieses Verhalten müssen zutreffen, damit Ihre Gefühle gerechtfertigt sind?

____

____

____

____

____

4. Schritt: Gibt es andere, harmlose und plausible Erklärungen für das Verhalten des *Brauni*?

____

____

____

____

____

5. Schritt: Möchten Sie herausfinden, welche Ihrer Annahmen über *Brauni* richtig ist? Wie werden Sie das anstellen?

____

____

____

____

____

Das ist eine der kurzweiligsten Gruppen-Arbeiten, weil die Teilnehmer ihrer Fantasie freien Lauf lassen können, wenn es darum geht, einem *Brauni* filmreife Motive unterzuschieben.

Häufig löst sich in dem Gelächter aber auch das Problem auf. Zum Teil jedenfalls. Denn die trockene Analyse der Gruppenteilnehmer erschüttert lieb gewordene Opferrollen und zeigt Spielräume auf für Verbesserungen und Neueinschätzungen.

Die Macht der negativen Erwartungen

Aufgabe für Seminarteilnehmer. Sie kommen nach Hause, drehen den Fernseher auf: Sie sehen eine Filmszene in der eine junge Frau ihr Haus betritt, Licht macht, ihren Mantel ablegt, die Tür zum Garten öffnet und hinaustritt. Im Mondlicht erkennen Sie draußen die dunklen Umrisse einer männlichen Gestalt.

Die Frage im Seminar lautet: was geschieht als Nächstes?

Entscheidend für die Antwort der Teilnehmer ist, mit welcher Musik wir diese Szene einleiten. Entweder spielen wir dazu einen brodelnden unharmonischen Klangteppich, wie er in Krimis verwendet wird, oder eine schmachtende Violinstimme à la Rosamunde Pilcher.

Sie haben es schon erraten: im ersten Fall sind Sie in einen Krimi geraten und es geht mit einem Verbrechen weiter, im zweiten bahnt sich eine Romanze an.

Dass die Musik ihnen sagt, wie Sie diese Situation interpretieren müssen, ist ein Beleg für die Annahme, dass unsere Vor-Stimmung (Erwartung) eine wichtige Rolle in unserer Wahrnehmung spielt und unsere Erlebnisse emotional einfärbt. Wie die Musik im Film, so nehmen wir auch diese Vor-Stimmung meist nicht bewusst wahr.

Wenn wir mit Burnout-Gefährdeten arbeiten, dann zeigt sich häufig, dass sie an Konflikten im Team oder mit Vorgesetzten leiden. Eine Teilnehmerin sagt:

„Wenn ich in der Früh' auf den Parkplatz komme und da steht sein Auto, möchte ich am liebsten gar nicht mehr aussteigen!"

Ihre Erwartung hat sich verselbstständigt. Die Musik spielt Moll, schon ehe die Szene beginnt.

Aber: Vielleicht hat der Betreffende sein Benehmen von gestern inzwischen bereut, sich vorgenommen, heute einmal nett zu sein? Die Sache wieder einzurenken? Das wird ihm bei dieser inneren Begleitmusik vermutlich nur als Verschlagenheit ausgelegt werden.

Hegen und pflegen Sie Feindbilder? Menschen über deren Verhalten, Auftreten Sie sich zuverlässig ärgern?

Denken Sie an die Weisheit: *Sich ärgern ist, als ob man Gift nimmt und erwartet, dass der andere tot umfällt.*

Ein kluger Kopf hat dazu einmal bemerkt, dass man funktionierende Beziehungen jeden Tag neu beginnen sollte. Ohne *Historikerkommission*, die klärt, wer im Recht war damals, *als ich mich so aufregen musste!* Das gilt natürlich nicht, wo eklatanter Missbrauch im Spiel ist.

Die Vergangenheit

Die Einschränkung oben gilt auch für die folgenden Überlegungen. Immer wieder treffen wir auf Seminarteilnehmer welche die Tendenz haben, Lebensprobleme mit ihrer Herkunft zu erklären. Ihre Ehe musste ja in die Brüche gehen, weil ja schon seine Eltern etc. Wer so etwas hört, nimmt vielleicht besorgt sein erstes Poesiealbum zur Hand und fahndet nach möglichen Anhaltspunkten für offene Wunden, die eines Tages aufbrechen werden, mit entsetzlichen Folgen für sein Leben.

Menschen, die in ihrer Kindheit mit schweren Übergriffen fertig werden mussten, haben natürlich ein erhöhtes Risiko psychische Probleme zu entwickeln. Aber die generelle Idee, dass wir alle unser Leben lang im Griff negativer frühkindlicher Erfahrungen seien, ist wissenschaftlich nicht belegt. Es gibt aber etliche kontrollierte Untersuchungen, die das Gegenteil nahe legen:

- viele Scheidungskinder zeigen vorübergehende Störungen, die allermeisten entwickeln sich aber zu normalen Erwachsenen.
- Geschwister aus problematischen Milieus können völlig unterschiedliche Laufbahnen einschlagen:

ein angesehener Anwalt und ein Schwerkrimineller. Jeder, der Kinder hat, weiß, wie unterschiedlich Geschwister ausfallen können.

- Zwillingsstudien[13] belegen konstant die Wichtigkeit der Anlage gegenüber der Erziehung. Monozygote (eineiige) Zwillinge, die getrennt aufwachsen, zeigen viel mehr Ähnlichkeiten in Einstellungen und Verhalten als nicht eineiige, die gemeinsam großgezogen werden.

Das Konzept von der *Schuld der Eltern* ist vielleicht deshalb so populär, weil es sehr entlastend ist:

- wer in Schwierigkeiten kommt, muss nicht die volle Verantwortung dafür übernehmen,
- wer sich nicht um seine hilfsbedürftigen Vorfahren kümmern möchte, kann sich mit Hinweis auf die negativen Seiten ihres Charakters empfehlen und mit allgemeiner Billigung rechnen.

Wir legen diese Zusammenhänge jenen klar, die mit ihrer Vergangenheit hadern, um ihnen zu helfen, sich aus einer solch lähmenden Verstrickung zu befreien. Sinnvoller als eine Beschäftigung mit der Vergangenheit ist es, seine Energie für gesunde und positive Beziehungen in der Gegenwart einzusetzen und die Verantwortung für sein Verhalten als Erwachsener selbst zu übernehmen.

---

13 Seligman, M. (2002), Authentic Happiness, New York: Free Press.

Beherzigen Sie generell folgende Anregungen für den Umgang mit Ihren Erinnerungen:

- Positives sollten Sie so intensiv wie möglich immer wieder durchleben – aber nicht analysieren.
- Negatives sollten Sie analysieren und daraus lernen, aber nicht wieder durchleben.

Die Macht der Antreiber brechen

Der Psychologe Matthias Burisch[14] hat in seinem Standardwerk über die Ursachen für Burnout auf die Rolle der so genannten *Antreiber* hingewiesen. Damit sind Überzeugungen gemeint, die wir im frühen Kindesalter von unserer Umgebung kritiklos übernommen haben. Wir waren noch zu klein, um diese Einstellungen zu hinterfragen.

Für das Stress-Problem relevante Antreiber sind:

- „Sei perfekt!" Mach alles so gut wie möglich, egal ob es wichtig ist.
- „Streng Dich an!" Erst wenn Du alles gegeben hast, bist Du fertig.
- „Beeil Dich!" Mache alles, so schnell es geht. Keine Zeit vertrödeln.
- „Sei stark!" Gefühle sind für Warmduscher, am besten ignorieren.

---

14 Burisch, M. (2011). Das Burnout Syndrom, Berlin: Springer.

- „Mache es den anderen recht!" Nimm Dich nicht so wichtig. Denke an Dich selbst zuletzt.
- „Sei unabhängig!" Du brauchst keine Hilfe von anderen. Selbst ist der Mann!

Jemand, der solchen inneren Befehlen aus seiner Kindheit folgt, kann scheinbar nicht viel falsch machen. Was ist also das Problem damit? Diese Menschen handeln zwanghaft, das bedeutet, zum Beispiel, dass jemand nicht dann sorgfältig ist, wenn es sinnvoll und nötig ist, sondern ausnahmslos immer. Auch wenn sie ihrer Umgebung damit wahnsinnig auf die Nerven gehen. Sie sind auch dann in Eile, wenn es eigentlich keinen Grund gibt, sondern im Gegenteil Muße angesagt wäre.

Es gibt geschlechtsspezifische Antreiber: Männer sehen sich gerne als *stark* und *unabhängig*. Sie fragen erst nach dem Weg, wenn der Zeiger der Tankuhr im Armaturenbrett schon auf Rot zeigt. Frauen schneiden in den Burnout-Tests regelmäßig schlechter ab, wenn es um den Perfektionsanspruch an sich selber geht. Man kann sich vorstellen, welchen Aufwand es kostet, sich und andere ständig von seiner Perfektion überzeugen zu müssen. In einer Studie des Karolinska-Institutes in Stockholm hat man Managern beiderlei Geschlechts eine Woche lang Blut abgenommen und die Stresshormone bestimmt. Es zeigte sich, dass die Stresshormon-Level bei den Männern nach 20 Uhr sanken, während sie bei den Frauen noch bis 23 Uhr anstiegen. Eine Folge des Versuches, nach der Arbeit noch ein perfektes Familienleben zu inszenieren?

Frau W. meldete sich zu Wort, als das Thema Antreiber in unserem Seminar angerissen wurde. Ihre Geschichte zeigt, wie tiefgreifend ein solches mentales Programm ein Leben beeinflussen kann. Sie war in ihrem Freundeskreis bewundert für die unerschöpfliche Sorgfalt, den guten Geschmack und die Energie, mit der sie ihr Haus im Grünen zu einem wahren Schmuckstück herausgeputzt hatte. Besonders hatte sie sich gefreut, als der Gästebereich endlich fertig wurde. Jetzt konnte sie ihre Freunde endlich gut unterbringen und nach Kräften verwöhnen. Nachdem die ersten Gäste auf Besuch gekommen waren, reagierte der Freundeskreis eher zurückhaltend auf ihre Einladungen; manche zogen es vor, in eine Pension in der Nähe zu gehen. Es dauerte eine ganze Weile, bis ihr klar wurde, dass ihr Perfektionsanspruch ein Spaßkiller war. Sie hatte jeden Abend das Haus perfekt aufgeräumt und für den kommenden Tag in Schuss gebracht. Aber ihre Freunde wollten in der Freizeit etwas ungezwungener sein und nicht ständig acht geben müssen oder von Schuldgefühlen ihr gegenüber geplagt sein, wenn einmal etwas danebenging.

Wenn Sie bei der Lektüre dieses Abschnitts den Verdacht haben, Sie könnten Opfer eines solchen inneren Sabotageaktes sein, dann ziehen Sie jemanden ins Vertrauen, der Sie gut kennt und mag (Partner sind nicht die erste Wahl!). Andere erkennen solche Macken an uns, wir selber ja nicht, weil sie so selbstverständlich ein Teil von uns sind.

Wenn Sie einen Antreiber entmachten möchten, dann müssen Sie sich auf einen langen inneren Kampf einstellen:

- Frau W. musste lernen, ein höheres Maß von Unordnung zu tolerieren. Zumindest so lange sie nicht allein war.
- Sie fragte sich selbst, was daran schlimm sei, dass ein paar Kleidungsstücke, Sandalen und Spielsachen im Garten liegen. Oder warum jeder kleine Flecken am Fußboden unverzüglich entfernt werden musste. Was dazu führte, dass die Rücksichtsvolleren unter den Gästen schuldbewusst wie auf rohen Eiern gingen.
- Es dauerte eine ganze Weile, bis sie sich desensibilisiert hatte (ja, es war eine Art Allergie, gegen die sie ankämpfte). Ihre Freunde dankten es ihr.

Halten Sie Katastrophen-Diät!

Haben Sie heute schon Nachrichten gesehen oder Ihre Zeitung studiert? Achten Sie einmal darauf, wie viel Raum dabei Berichte über tatsächliche Ereignisse einnehmen und wie viel Aufmerksamkeit den Spekulationen über mögliche Katastrophen geschenkt wird. Hier eine kleine Auswahl von heute: Euro-Pleite? Italien unregierbar? Angriff auf Iran unvermeidlich? Kommt es zum Krieg in Korea? Ist unser Banken-, Gesundheits-, Pensions-, Pflege-System (weitere beliebig einsetzen) noch zu retten?

Diese Risiko-Litanei wird von den Medien täglich abgewandelt und um immer neue Bedrohungen erweitert. Wer es genau wissen will, kann sich in einer Stadt-Bibliothek fünf Jahre alte Exemplare seiner Tageszeitung durchsehen. Besonders unterhaltsam sind Ausgaben zum Jahreswechsel, in denen Experten mit Vorhersagen zu Wort kommen, die aus heutiger Sicht oft haarsträubend anmuten.

Viele Fachleute sorgen sich heute, dass dieses mediale Trommelfeuer aus hochgespielten Krisen, Skandalen, Konflikten und Häme ein negatives Hintergrundgeräusch unseres Lebens wird, das mit unseren Ängsten spielt und uns die Laune verdirbt, ohne dass wir uns dessen richtig bewusst sind. Das Ansteigen von psychischen Erkrankungen mitten im Wohlstand könnte hier eine seiner Ursachen haben. Das apokalyptische Dauerdröhnen färbt unseren Stimmungshintergrund in ein tristes Grau, wenn nicht gar in ein hoffnungsloses Schwarz. Der Philosoph Peter Sloterdijk hat dafür unlängst das Wort von einer „Sorgengemeinschaft" geprägt, die von den Medien gesteuert wird. Die Rückkehr aus einem Urlaub im fremdsprachigen Ausland ohne heimische Zeitungen und TV-Nachrichten gibt uns manchmal ein Gefühl dafür, wie belastend das sein kann.

Positive Beispiele für den Einfluss der Medien auf die allgemeine Stimmungslage sind Sport-Großveranstaltungen. In Deutschland schwärmen heute noch viele vom „Sommermärchen" – gemeint ist die Fußball WM 2006, die in einer fröhlichen und ausgelassenen Stimmung stattfand, die eher untypisch ist für den deutschen Alltag. Ähnliches geschah in London bei den Olympischen Spielen 2012. Auch hier hat die Magie der medialen Beeinflussung gewirkt: von britischer Zurückhaltung und sprichwörtlicher *„splendid isolation"*[15] keine Spur. Stattdessen ansteckende Begeisterung und Offenheit den ausländischen Besuchern gegenüber.

Zurück zur Katastrophen-Diät. Immer mehr Menschen scheinen von einer Art Krimi-Sucht befallen. Bücher und Filme haben Hochkonjunktur. Nicht alle sind sich im Klaren darüber, dass ihr Vergnügen auch unangenehme Nebenwirkungen haben kann.

Krimis und Konfekt

Sabine liebte es, sich zu später Stunde noch Krimis anzusehen. Sie machte es sich dabei mit einer Schachtel ihres Lieblingskonfekts gemütlich, die sie auch regelmä-

---

15 Englisch für den (oft arroganten) Stolz auf die britische Insellage.

ßig leerte. Das führte mit der Zeit zu einigen Problemen in ihrem Wohlbefinden: Schlafstörungen, Reizbarkeit, Konzentrationsschwäche und Abgeschlagenheit machten ihr zu schaffen. Außerdem hatten sich dabei einige überflüssige Pfunde angesammelt.

Unsere Empfehlung war: achtete auf Deine Gefühle während der Sendung. Wie geht es Dir in brutalen Szenen, was macht die Spannung mit Dir? Sie berichtete, dass die Filme emotional wesentlich belastender waren, als ihr bewusst gewesen war. Aber gleichzeitig hatte sie das Gefühl, sie müsse dabeibleiben. Ohne den Trost durch ihre Pralinen würde sie das nicht durchstehen. Sie änderte schließlich ihre Sehgewohnheiten zu harmloseren Sendungen, fühlte sich bald wieder besser und brauchte auch keine späten Tröster mehr.

Wenn Sie ähnliche Probleme entwickeln sollten: Achten Sie darauf, welche Gefühle bei Ihnen ausgelöst werden, wenn Sie sehr häufig Sendungen oder Bücher konsumieren, die mit Ihren Ängsten spielen. Wie gut schlafen Sie danach? Was futtern Sie dabei in sich hinein? Versuchen Sie den Spannungs-Konsum eine Zeit lang zu reduzieren. Wie Sie das machen können, darüber sagen wir mehr im Kapitel über Willenskraft.

Positive Gefühle aufwerten

Wir haben gezeigt, dass der *Ötzi*[16] in uns noch recht lebendig ist und wie er uns häufig die Laune verdirbt. Was tun mit dem wachsamen und misstrauischen Gesellen? Für Veränderungen auf die Evolution zu hoffen, hieße womöglich noch einige Jahrtausende zu warten. Gottlob hat sich in den letzten Jahren die Positive Psychologie etabliert, die wissenschaftliche Untersuchung der Voraussetzungen für Glück und Zufriedenheit. Aus dem immer breiter werdenden Fundus von Erkenntnissen und Anwendungen stellen wir Ihnen einige Übungen zum Nachmachen vor.

Die Wirkung positiver Gefühle auf uns wird erst seit einigen Jahren systematisch erforscht. In der Psychologie ging es bis dahin in erster Linie um die Probleme psychisch kranker Menschen. Positive Gefühle wurden als Luxusthema angesehen und weitgehend ignoriert. Erst unlängst haben Forscher wie Barbara Fredrickson[17] das Thema systematisch bearbeitet. Die Wirkung der positiven Emotionen ist jener der Stressreaktion entgegengesetzt:

- Sie weiten unseren Horizont. In positiver Gemütsverfassung sind Menschen offener für neue Erfahrungen und das Lernen.

16 Mumifizierter Steinzeitmensch, 1991 im Gletschereis in Südtirol gefunden.

17 Fredrickson, B. (2009), Positivity, New York: Crown.

- Wir sind beziehungsfähiger, altruistischer und großzügiger.
- Wir sind kreativer, motivierter und trauen uns mehr zu.
- Wir sind widerstandsfähiger gegen Stress. Unrealistische Zweifel und Ängste werden verringert; Optimismus und Hoffnung überwiegen Schwarzmalerei und Skepsis.

Prof. Fredrickson verwendet das Bild eines Segelbootes, um das Zusammenwirken positiver und negativer Gefühle zu illustrieren:

- Die positiven Gefühle sind wie die Segel, die uns voranbringen. Sie sind unsere Energiequellen und erschließen uns neue Horizonte.
- Unsere negativen Affekte sind wie der schwere Kiel unter dem Schiff. Sie verleihen uns Stabilität und halten uns auf Kurs.

Die beiden Kräfte – dynamische und stabilisierende – müssen gut aufeinander abgestimmt sein und zusammenwirken, damit unser Schiff sein Ziel erreicht. Allerdings sind die negativen Kräfte wesentlich stärker ausgeprägt, wie wir oben gezeigt haben. Daher ist es nötig, die positiven bewusst aufzuwerten. Um die Botschaft eines populären Songs zu variieren: Do worry *and* be happy! – aber im Verhältnis 1:3!

Legen Sie ein Happier-Album an

Treffen Sie gleich jetzt zu Beginn die Entscheidung: Sie werden aktiv nach Erlebnissen suchen, die Ihnen ein zufriedenes Lächeln ins Gesicht zaubern (natürlich tun Sie nichts, wofür Sie sich später genieren müssten). Es kann ein Foto-Album sein, ein Heft, ein Ordner auf Ihrem Computer oder Smartphone. Halten Sie im Happier-Album zwei Wochen lang täglich fest, was Sie an Positivem erlebt haben. Danach tun Sie es einmal wöchentlich. Notieren Sie das Datum, die Umstände, wer dabei war, warum Sie dieses Erlebnis so positiv empfunden haben und was Ihr Beitrag dazu war. Am besten schmücken Sie Ihre Einträge nach und nach mit Bildern, Filmen, Souvenirs aus und erleben dabei immer wieder die Freude, die sie empfunden haben.

Martin war in unser Burnout-Seminar gekommen, weil seine Frau ihn – eher ultimativ – dazu aufgefordert hatte. So geht das nicht weiter mit uns! Er hatte in den vergangenen Jahren seinen Facharzt gemacht, immer mehr Verantwortung auf der Station übernommen und war dabei, gemeinsam mit einem Kollegen, eine Praxis einzurichten (das Profil mit dem höchsten Burnout-Risiko – wie unsere Studie für die Österreichische Ärztekammer zeigte). Ihm erschien das Pensum völlig normal, denn seine Kollegen machten es ja auch so. Das Problem war, er merkte nicht, wie sich sein Verhalten nach und nach veränderte. Der „Karriere-Tunnel“, den er jahrelang in hohem Tempo durchquerte, ließ ihm weder Zeit noch Energie für „Unnützes“. Nach dem heimischen Ultimatum war jetzt eine kontrollierte Vollbremsung angesagt. Man wollte an die Beziehung vor der „Tunneleinfahrt“ anknüpfen. Die Idee mit dem Happier-Album spielte dabei eine sehr konstruktive Rolle. „Nach langer Zeit haben wir wieder die Bilder vom ersten gemeinsamen Urlaub durchgeblättert. So unglaublich blass waren wir! Sind ja kaum zum Schlafen gekommen damals. Im Auto wieder die alte CD gehört! Habe noch den ganzen Vormittag den Refrain gesungen. Die Kollegen waren etwas genervt, glaube ich :).“

Die Wirkung einzelner Erlebnisse lässt nach einigen Wiederholungen nach, aber da Sie jede Woche neue hinzufügen, haben Sie bald ein abwechslungsreiches Programm beisammen, das Sie immer wieder an die schönen Seiten Ihres Lebens erinnert.

Annehmlichkeiten wieder fühlbar machen

Der Wert gewohnter Annehmlichkeiten und vertrauensvoller Beziehungen wird leider erst so richtig fühlbar, wenn wir sie vermissen. In den Nachrichten sehen wir ständig Menschen, die fassungslos vor den Trümmern ihrer Existenz stehen und auf Hilfe angewiesen sind (z.B. Opfer von Überschwemmungen, Muren, Lawinen). Stellen Sie sich vor:

- dass Sie von einer solchen Katastrophe betroffen wären? Alles ist weggeschwemmt, abgebrannt. Sie sind auf Hilfe angewiesen!
- dass die Menschen um Sie herum weg sind; in der Katastrophe unauffindbar und nicht zu erreichen.

Solche Vorstellung können uns helfen, Dankbarkeit zu empfinden und einen neuen Blick auf unser Leben und unsere Beziehung. Nicht selbstverständlich zu nehmen, was wir haben.

Dankbarkeit ausdrücken

Diese Übung hat besonders viele Anhänger gefunden. Jeder von uns hat Menschen getroffen, die sich für ihn eingesetzt haben, ohne dass wir ihnen richtig gedankt hätten. Manche denken an eine Lehrerin, die ein Interesse geweckt hat, das dann ein weiteres Leben bestimmt hat, andere an eine Verwandte, die ihnen unvergessliche Ferien auf dem Land ermöglicht hat ...

Schreiben Sie dieser Person ein *Zeugnis*, nur so viel wie auf eine Seite passt. Lassen Sie sich Zeit, die Seite zusammenzustellen, das kann einige Wochen dauern. Laden Sie diesen Menschen zu sich ein oder machen Sie einen Besuch. Es ist wichtig, sich persönlich mitzuteilen. Verraten Sie nichts von Ihrer Absicht.

Einfach: „Ich möchte Dich sehen." Bringen Sie eine laminierte Version des Zeugnisses als Geschenk mit. Wenn die Begrüßung vorbei ist, lesen Sie Ihren Brief laut und mit dem richtigen Ausdruck und Augenkontakt vor. Lassen Sie der anderen Person Zeit zu reagieren. Denken Sie gemeinsam über jene Erlebnisse nach, die mit dieser Erinnerung verknüpft sind.

Woran denken Sie morgens unter der Dusche?

Die häufigste Antwort in einer Befragung war: *an meine Aufgabenliste für heute* (Sex war auch ein Thema, um ehrlich zu sein, aber wir werden das hier nicht vertiefen). Das Tempo unseres modernen Lebens und die aufwändige Planung dafür können unsere Gegenwart verarmen lassen. Die Technologie vereinfacht vieles, aber der Zeitgewinn geht für die Planung drauf; wir sind in Gedanken mehr und mehr in der Zukunft.

Das Hier und Jetzt zu genießen, wurde vom Philosophen Arthur Schopenhauer[18] als die *bare Münze des Glücks* bezeichnet. Damit unterscheidet er den Genuss von den Freuden, die wir uns erarbeiten müssen. Ihr Happier-Album (siehe oben) ist so eine Quelle für genießerisches Nacherleben schöner Erfahrungen.

---

18 Schopenhauer, A. (1977), Parerga und Paralipomena, Zürich: Diogenes.

Die Wissenschaft hat den Genuss systematisch untersucht und dabei diese Anregungen entwickelt, die den allzu Zukunftsorientierten helfen können, den Genuss zu steigern:

- Teile deine Freude mit anderen. Sage anderen, wie sehr Du den Moment genießt.
- Bilde Erinnerungen. Mache mentale Schnappschüsse, nimm ein Souvenir mit und bespreche die Situation später mit anderen.
- Gratuliere Dir selbst. Habe keine falsche Scham, sondern erinnere Dich daran, wie gut es Dir jetzt geht.
- Schärfe die Aufnahmefähigkeit. Zum Beispiel: Augen zu bei Musik. Denke nicht, sondern fühle nur.

Gewöhnung und Achtlosigkeit stehen dem Genuss im Wege. Die Wirkung schöner Dinge, Erlebnisse und Beziehungen lässt mit der Zeit nach und wir machen uns erneut auf die Suche. Der Grauschleier, den die Gewöhnung über unsere Erlebnisse legt, kann gemildert werden, wenn man die Freuden über einen längeren Zeitraum verteilt (im Falle des Duschens allerdings nicht zu empfehlen!).

Sammeln, Dankbarkeit zeigen, staunen und sich verwöhnen sind Möglichkeiten, die eigene Lebensqualität zu erhöhen. Unser Vorschlag: führen Sie einen monatlichen *Genusstag* ein, an dem Sie sich nach allen Regeln der Kunst verwöhnen lassen. Am besten gemeinsam mit Gleichgesinnten, damit Sie noch lange davon schwärmen können!

Engagement und Flow erleben

Im Unterschied zu positiven Erlebnissen ist Flow nicht von angenehmen Gefühlen begleitet. Flow erkennen wir im Nachhinein, wenn wir ungläubig auf die Uhr schauen: *so spät ist es schon geworden? Dabei habe ich doch erst begonnen ...!* Der Psychologe Mihály Czíkszentmihályi[19] hat beobachtet, wie sein Halbbruder in Budapest einen ganzen Tag in seiner Mineraliensammlung verbrachte und dabei das Zeitgefühl verlor. Dieser Zustand der Selbstvergessenheit interessierte ihn, und er begann systematisch zu untersuchen, ob Menschen ihren Hobbys nicht auch nachgehen, um den Zustand des *Sich-Vergessens* (Flow) zu erleben.

Er hat zahlreiche Bücher veröffentlicht und seine Untersuchungen belegen, dass dieser *Flow* eine ganze Reihe von positiven Auswirkungen auf unsere psychische und physische Gesundheit hat. Flow kann viele Erscheinungsformen haben. Entscheidend ist, dass wir dabei aktiv sind und eine Reihe von Bedingungen erfüllt sind:

- Was wir tun, fordert unsere Fähigkeiten.
- Wir konzentrieren uns voll darauf.

19 Czíkszentmihályi, M. (2010), Das Geheimnis des Glücks, Stuttgart: Klett.Cotta,

- Wir haben ein klares Ziel.
- Wir erhalten unmittelbares Feedback.
- Wir sind tief und anstrengungslos involviert.
- Wir können den Vorgang kontrollieren.
- Wir vergessen unser Selbst.
- Die Zeit bleibt scheinbar stehen.

Bewusstsein für die Umgebung und Emotionen sind da, um uns zu korrigieren, wenn wir vom Kurs abkommen; sie werden im Flow nicht benötigt. Zwei Gruppen von je 250 Jugendlichen sind verglichen worden. Die Gruppe A erlebte viel Flow, die Gruppe B keinen. Die Kinder der Gruppe B (ohne Flow) hingen in den Einkaufsstraßen herum, sahen fern oder spielten an ihren Computern. Die Kinder der Gruppe A hatten Hobbys, sie übten Sport aus, machten Musik und verbrachten mehr Zeit zu Hause mit ihren Beschäftigungen als die anderen. In allen psychologischen Tests schnitten die Kinder der Gruppe A besser ab als die anderen. Sie schafften es an die Universitäten, hatten tiefere soziale Wurzeln, und sie waren im späteren Leben erfolgreicher. Das alles weist darauf hin, dass Flow ein Zustand ist, in dem psychologisches Kapital für die Zukunft gebildet wird, von dem in späteren Jahren gezehrt werden kann.

Wie steht es bei Ihnen mit der selbstvergessenen Ausübung von absorbierenden Hobbys? Manche wenden ein, dass sie Flow auch im Beruf erleben würden. Das scheint vor allem dort möglich, wo eigene Stärken involviert sind, sehr viel eigene Kontrolle über den Arbeitsablauf besteht sowie wenig Zeitdruck. Für alle anderen gilt der Rat: Schaffen Sie sich Gegenwelten frei vom beruflichen Erfolgszwang, in denen Sie sich selbstvergessen treiben lassen können. Es lohnt sich.

Selbstlosigkeit macht glücklich

Eines der eher überraschenden, aber dennoch gleichbleibenden Ergebnisse in der Glücksforschung ist, dass praktizierte Selbstlosigkeit glücklich machen kann. Hier ist nicht die Rede davon, sein Leben für andere aufzuopfern. Die meisten von uns sind keine Heiligen und würden dabei eher unglücklich werden.

Es geht dabei vor allem um kleine, spontane Akte der Hilfsbereitschaft und Rücksichtnahme, die uns ein angenehmes Gefühl verschaffen:

- Sie sehen, wie Touristen einander abwechselnd fotografieren und bieten an, sie gemeinsam vor dem Dom zu verewigen.
- Sie sehen jemanden im Regen an einer Haltestelle stehen und bieten an, ihn mitzunehmen.
- Sie lotsen einen älteren oder behinderten Menschen über eine viel befahrene Straße.

Solche kleinen Akte der Freundlichkeit machen den *Wohltätern* gute Laune, sind ansteckend und können so das emotionale Klima verbessern helfen.

Optimismus und Hoffnung

Die Auffassung *„Guter Mensch oder gute Laune – beides zugleich geht nicht“* ist durch die Positive Psychologie widerlegt worden: Es sind die optimistischen Menschen, die zufriedenen, aufgeschlossenen und tatkräftigen, welche die Welt zum Besseren verändern. Studien zeigen, dass Optimisten gesünder sind, erfolgreicher im Beruf und dass sie in glücklicheren und stabileren Beziehungen leben. Das ist ja auch vollkommen einleuchtend: um ein Projekt in Angriff zu nehmen und dabei konsequent zu bleiben, muss ich davon überzeugt sein, dass es sich eines Tages lohnen wird.

Natürlich kann man es auch übertreiben mit dem Optimismus. Jemand der sein Leben darauf baut, dass er demnächst im Lotto gewinnt oder von Angelina Jolie und Brad Pitt adoptiert wird, handelt nicht optimistisch, sondern närrisch. Ähnlich gelagert sind die Fälle, in denen sich jemand von täglichen Beschwörungen nach dem Motto *„Ich werde jeden Tag schlanker“* die Lösung seines Problems verspricht, anstatt weniger zu essen oder ein Bewegungstraining zu starten. Schädlich ist Optimismus auch dann, wenn er in Selbstzufriedenheit mündet. Diese wird uns rasch zur Stagnations-Falle.

Aber es gibt eben ein großes Feld von weniger wahrscheinlichen, aber möglichen Entwicklungen, die voraussetzen, dass ich mich heute bemühe. Wenn ich mich in einem Fitnessstudio anmelde, um meine Widerstandskraft zu verbessern, dann unterstelle ich, dass sich dies in ein paar Monaten bezahlt machen wird. Diese Art von Optimismus erzeugt Energien und führt zu Veränderungen. Dass dieser Optimismus in jedem Fall hilft, die gesteckten Ziele zu erreichen, ist natürlich nicht garantiert. Aber Passivität wird dort, wo Aktivität wichtig ist, garantiert zu nichts führen.

Wie optimistisch sehen Sie in die Zukunft? Sind Sie Teil der *Sorgengemeinschaft* geworden, die an den Lippen der Nachrichtensprecher hängt, um ihren täglichen Katastrophenbedarf zu decken? Vielleicht haben Sie sich aber schon abgegrenzt gegen dieses einseitig negative Zerrbild der Welt und eine maliziöse Journalisten-Psychologie, die oft noch hinter den nobelsten Taten unlautere Motive vermuten muss. Im Namen der Aufklärung, versteht sich.

Wenn Sie mit herrschenden Zuständen nicht einverstanden sind, dann überlegen Sie, welche konkreten Möglichkeiten Sie haben, darauf Einfluss zu nehmen. Meiden Sie die *Sorgengemeinschaften,* die sich in Klagen erschöpfen. Optimismus ist ansteckend. Schließen Sie sich positiven und tatkräftigen Menschen an, die einen praktischen Beitrag leisten zur Lösung jener Probleme, die es akut gibt. Den Betroffenen ist damit auf jeden Fall mehr gedient.

Positive Körperhaltung

Wie wir uns fühlen, hängt auch von unserer Haltung ab und umgekehrt. Jeder kennt das Problem: wir haben unser Kommen zu einer Verabredung zugesagt, aber es war ein sehr anstrengender Tag heute, wir sind entsprechend müde und haben nicht die geringste Lust, uns aufzuraffen. Oder unser Fitnessplan erfordert, dass wir noch eine Stunde laufen. Draußen ist es dunkel, nass und kalt ...

In unseren Seminaren bitten wir die Teilnehmer, eine positive Haltung einzunehmen. Meist nach dem Essen, wenn alle noch etwas müde und unaufmerksam sind. Das geht so:

- Schultern etwas zurück und breit fallen lassen
- Kopf hoch (wie an einer Schnur hängend)
- das Brustbein weich vorstellen
- die Knie nicht durchdrücken
- am Steißbein ein kleines Gewicht vorstellen
- den Nabel etwas zur Wirbelsäule ziehen
- die Arme baumeln locker an der Seite

Atmen Sie in dieser Haltung einige Male in Ihren unteren Rücken und dann sagen Sie dann mit fester Stimme: „Ich bin total fertig!“

Die meisten müssen unwillkürlich lachen bei dieser Übung. Sie bringen es nicht über sich, diesen Satz zu sagen, weil er sich so falsch anfühlt. Üben Sie es, diese Haltung einzunehmen, damit Sie gezielt davon Gebrauch machen können, wenn Sie einmal zusätzliche Energie benötigen.

Gelassenheit entwickeln

Es gibt Menschen, die strahlen Offenheit und unverwüstlich gute Laune aus. Ihre positive Stimmung färbt auch auf ihre Umgebung ab. In ihrer Gesellschaft fühlt man sich wohl und entspannt. Wo viele ärgerlich werden – zum Beispiel weil sie wieder einmal die langsamste Reihe an der Supermarkt-Kassa erwischt haben – reagieren diese Zeitgenossen mit Humor und Gelassenheit.

Ist eine solche Haltung wünschenswert? Und wenn ja, ist sie erlernbar? Die erste Frage wird heute allgemein mit Ja beantwortet: Ärger ist ungesund. Studien zeigen, dass sehr reizbare und streitbare Zeitgenossen häufiger krank sind und eine geringere Lebenserwartung haben. Dass ihre Beziehungen vermutlich auch unter ihrer chronischen Reizbarkeit leiden, darf man getrost annehmen.

In der Vergangenheit hatte man das anders gesehen: „Lass es raus!" war die Empfehlung der damals populären therapeutischen Schulen. Sie fassten unseren Gefühlshaushalt wie einen Dampfkessel auf: negative Emotionen setzen uns unter Druck, dieser muss möglichst postwendend wieder abgelassen werden, um keinen Schaden anzurichten. Jeden Ärger möglichst sofort und entschieden anzusprechen, galt als unverfälscht und *authentisch*. Diplomatie und Höflichkeit galten als verlogen oder feige. Das Motto damals: lieber „authentisch" unsere Beziehungen verwüsten als ungesunden Ärger *in uns hineinzufressen*. Dass dies nicht die ganze Wahrheit ist, zeigt sich nicht zuletzt in den Kulturen Asiens, wo es strikt verpönt ist, seinen negativen Gefühlen freien Lauf zu lassen.

Man hat sich mittlerweile von dem Dampfkessel-Vergleich verabschiedet. Heute gilt eher das Gegenteil als richtig: Folge negativen Impulsen von Ärger und Aggression im Alltag nicht, sondern schalte Deinen Verstand ein und bedenke die Konsequenzen. Dafür gibt es gute Gründe: der Ärger, dem wir freien Lauf lassen, belastet unsere Beziehungen, weil er häufig als unangemessen, ungerecht und demütigend empfunden wird. Ärger zu äußern, führt häufig in eine unproduktive Eskalation statt zu einer Lösung des Problems, das ihn ausgelöst hat. Ein Königsweg zu mehr Gelassenheit ist die *Meditation*, mehr dazu finden Sie weiter unten.

Ihre Stärken stärken

Viele unserer gestressten Studien- und Seminarteilnehmer leiden darunter, dass sie sich nicht ausreichend gewürdigt und geschätzt fühlen. Wir sind darauf angewiesen, dass die Menschen in unserer Umgebung uns anerkennen. Vieles von dem, was wir tun, dient dazu, Respekt und Akzeptanz durch unsere Gruppe zu erreichen. Lob und Zustimmung bestärken uns, Kritik ist ein oft schmerzhaftes Korrektiv. Mehr zu diesem Thema und unserem *Soziometer* finden Sie in dem Abschnitt *Positive Beziehungen*.

Natürlich fällt es uns leichter, die Anerkennung unserer Umgebung bei Tätigkeiten zu gewinnen, in denen wir unsere besonderen Stärken und Begabungen zur Geltung bringen können. Wer das Pech haben sollte, in einem Beruf zu landen, in dem seine schwachen Seiten gefragt sind, ist nicht zu beneiden. Ein Problem, das häufig entsteht: wenn Techniker oder Controller zu Beratern oder Vertriebsmitarbeitern *umgeschult* werden sollen. Oft sind das introvertierte Personen, die hinter dem Bildschirm glücklich waren und nun im Kontakt mit den Kunden völlig verloren sind. Sie werden sich schwer tun, im Wettbewerb mit den extravertierten *Rampensäuen* der Konkurrenz zu bestehen.

Abgesehen von den angelegten Stärken und Schwächen (Körpergröße, Physis, Stimme), die schwer oder gar nicht zu beeinflussen sind, sprechen die Positiven Psychologen von authentischen Stärken, das sind jene, für die wir uns bewusst entscheiden können: zum Beispiel Mut oder Fairness. Der Psychologe Martin Seligman[20] fasst jene Charakter-Stärken zusammen, die

20 Seligman, M. (2002), Authentic Happiness, New York: Free Press.

in allen Kulturen und zu allen Zeiten an Menschen geschätzt und anerkannt waren:

- Weisheit und Wissen
- Mut
- Liebesfähigkeit und Humanität
- Gerechtigkeit
- Mäßigung
- Spiritualität und Transzendenz

Jede Gesellschaft ehrt Menschen, die solche Stärken beispielhaft und unter persönlichen Opfern gezeigt haben, als Helden, Märtyrer und Heilige. Wenn wir Zeuge davon werden, berührt uns das. Fairness auf dem Fußballplatz wird applaudiert, ein Gerichtsurteil gegen Korruptionisten befriedigt das ganze Land und die Bescheidenheit des neuen Papstes berührt uns sofort sympathisch.

Anerkennung ist ein Schlüsselthema im positiven Umgang von erfolgreichen Teams und auch innerhalb der Familie. Wir möchten dass unsere Leistungen angemessen gewürdigt werden. Denn erst diese Würdigung bildet die verlässliche Basis für ein gesundes Selbstvertrauen (siehe auch *Soziometer* in Positive Beziehungen). In allgemeinen Worten gespendetes Lob nach dem Motto „*Gut gemacht!*" ist besser als nichts. Wer aber andere wirklich anerkennen möchte, sollte präziser werden. Was an der Leistung war besonders anerkennenswert? Die Mühe, die Sorgfalt, das Einfühlungsvermögen in die Kunden?

Zu unserer Überraschung finden wir in unseren Seminaren regelmäßig, dass hier Sprachlosigkeit herrscht. Unsere Teilnehmer, oft in Führungspositionen, haben keine Sprache für das differenzierte Lob. Deshalb bieten wir eine Übung an, die dabei hilft, den eigenen Stärken und jenen anderer Menschen auf die Spur zu kommen. Diese ist in Anlehnung an das im Kindergarten beliebte *Wichtelspiel* organisiert. Am besten funktioniert sie in einer kleinen Gruppe bis zu vier Personen:

1. Jeder Teilnehmer wirft einen gefalteten Zettel mit seinem Namen in eine Schale. Jeder nimmt einen Namen heraus (eigenen zurücklegen). Das ist sein *Wichtel* (streng geheim!).
2. Nehmen Sie sich einige Minuten und überlegen Sie, was die typischen Stärken dieser Person sind und in welchen Situationen sich das zeigt. Machen Sie sich Notizen. Nützen Sie die Stärken-Liste im Anhang, falls Sie nach Worten suchen (wie die meisten von uns!).
3. Welche positiven Folgen hat diese Stärke für Sie und andere in der Umgebung dieser Person? Wie wirkt sich diese typische Stärke auf ihre gemeinsamen Ziele aus?
4. Tragen Sie reihum ihrem jeweiligen Wichtel das Ergebnis vor. Sparen Sie dabei nicht mit Anerkennung und Ermutigung.

Viele sind erst einmal erstaunt darüber, welche Stärken ihnen von anderen zugeschrieben werden. Oft sind wir in dem besonders gut und wertvoll für andere, was uns wie selbstverständlich von der Hand geht. „Das ist doch nichts Besonderes“, hören wir die Gefeierten dann ausrufen. An dieser gemeinsamen Erkundung unserer Stärken ist es auch besonders spannend, dass sie uns für unsere weitere Entwicklung in eine neue Richtung weisen kann.

Wenn Sie Zweifel haben, ob das, was die anderen an Ihnen so bewundernswert gefunden haben, wirklich Ihre Stärken sind, dann können Sie diesen kleinen Check machen:

1. Haben Sie dabei das Gefühl von Authentizität und Echtheit („Ja, das bin ich.“)?
2. Erleben Sie positive Gefühle, wenn Sie die Stärke einsetzen?
3. Haben Sie eine steile Lernkurve, wenn Sie diese Stärke einsetzen?
4. Fällt es Ihnen leicht, immer neue Wege zu finden, diese Stärke einzusetzen?
5. Fühlen Sie einen starken Antrieb, Wege zur Anwendung der Stärke zu finden?
6. Das Ausleben dieser Stärken bringt Ihnen mehr Energie als es Sie kostet.

Wenn Sie diese Fragen zustimmend beantwortet haben, dann sind Sie sehr wahrscheinlich fündig geworden!

Wenn erschöpfte Menschen in unsere Seminare kommen, dann stellen sie sich auch meist die Frage – warum nur ich? Alle anderen in der Abteilung haben kein Problem. Ich werde schief angeschaut, wenn ich mich über das Tempo, den Umgangston oder den großen Druck beklage. Die Ursache für die Überlastung ist dann darin zu suchen, dass der Betroffene mehr Mühe hat, die Anforderungen zu erfüllen als andere. Ein kreativer, unruhiger Kopf, der einst zufällig in die Buchhaltung eines Unternehmens gerutscht ist, wird nicht leicht Schritt halten können mit den Kollegen, die keine Mühe haben, sich stundenlang auf Zahlenreihen zu konzentrieren. Der nette ältere Schalterbeamte mit dem vertrauensvollen Kontakt zu den Kunden der lokalen Bank wird zum widerstrebenden und leicht ermüdbaren Verkäufer von Finanzdienstleistungen.

In einer idealen Welt arbeiten alle an einem Platz, an dem ihre persönlichen Stärken anerkannt und entwickelt werden können. Der Extravertierte übt seine Social Skills in Beratung und Verkauf; der Introvertierte tüftelt derweilen an Strategien oder technischen Lösungen. Allerdings ist die Realität anders. Wir treffen in Seminaren viele Menschen, die erst spät im Leben Talente oder Stärken[21] entdeckt haben und dann nach Möglichkeiten suchen, diese Fähigkeiten in ihr Leben zu integrieren.

---

21 Auf der Webseite http://www.viacharacter.org/www/ können Sie kostenlos und anonym einen guten Stärken-Test machen.

Es ist jedoch meistens möglich, eine persönliche Stärke in einer befriedigenden Form im Berufsleben einzusetzen. Wer gut und gerne organisiert, kümmert sich um Ausflüge, Tickets und Jubiläen. Die Kreativen tun was für die Dekoration. Die Geselligen gründen den netten Stammtisch und die Klugen und Erfahrenen stehen den Anfängern bei.

Positive Beziehungen

Glück, das sind andere Menschen.

C. Peterson, Psychologe

Der Mensch ist des Menschen Wolf.

Plautus, Dichter

In unseren Studien über das Burnout-Risiko haben wir bestätigt gefunden, dass verheiratete Teilnehmer ein wesentlich geringeres Risiko hatten und weniger belastet waren als allein lebende. Ehe schützt also vor Burnout. Verheiratete beantworten auch die Frage nach ihrem Lebensglück zu 40 Prozent mit *sehr glücklich* im Gegensatz zu nur 24 Prozent der nicht Verheirateten. Kinder beeinträchtigen im Durchschnitt die Lebenszufriedenheit von Paaren; sind sie aus dem Haus, steigt die Zufriedenheit wieder an. Eltern geben in Befragungen oft an, dass die Elternschaft die sinnvollste Beschäftigung in ihrem Leben gewesen sei.

Partnerschaften funktionieren besser, wenn sie uns ermöglichen unsere wirklichen Stärken zu leben. Haben wir Glück, dann verlieben sich unsere Partner wegen dieser Stärken in uns und fördern sie. Haben wir Pech, dann werden unsere Stärken für gegeben erachtet und verwandeln sich in den Augen unserer Partner allmählich in nervende Schrullen. Prinzipientreue wird als Mangel an Lockerheit empfunden, Witz als Sarkasmus, Gelassenheit als Gleichgültigkeit.

John Gottman[22] kann innerhalb weniger Minuten mit großer Sicherheit vorhersagen, welche der vielen Paare, die sein Ehe-Labor in Chicago aufsuchten, sich trennen werden. Er machte das an den folgenden Beobachtungen fest:

- Ein harscher Einstieg in einen Streit. Eine solche Eröffnung bringt die Partner sofort in die Defensive. Nötig wären aber vielmehr Öffnung und Zuhören.
- Den Partner kritisieren statt eine Beschwerde äußern. *Du nörgelst ständig an mir herum* anstelle von *Du nörgelst immer, wenn ich mein Zimmer nicht aufräume.*
- Zeichen von Verachtung. Der Widerwille gegenüber dem Partner wird hörbar ausgedrückt.
- Sehr hohe Empfindlichkeit. In langen Streitphasen geschultes Gehör für Anspielungen und Untergriffe.
- Fehlen von Wertschätzung, ausgedrückt durch die Weigerung, auf die Argumente des Partners einzugehen.
- Negative Körpersprache. Das Einnehmen einer vom Partner abgewandten und verschlossenen Haltung.

22 Bedeutender Beziehungsforscher.

Gottman konnte auch beobachten, welche Anzeichen es dafür gibt, dass Paare ihre Beziehung verbessern werden:

- Trennungen. Ehe sie auseinandergehen, finden diese Paare etwas heraus, was der andere heute tun wird.
- Wiedersehen. Am Ende eines Arbeitstages besprechen diese Paare ruhig ihren Tag.
- Zuneigung. Berühren, Halten und Küssen – getragen von Zärtlichkeit und Vergebung.
- Verabredung. Eine Verabredung pro Woche in entspannter Atmosphäre zu zweit.
- Respekt und Anerkennung. Jeden Tag ein Signal von echter Wertschätzung geben.

Unter der Überschrift *Positive Kommunikation* finden Sie weiter unten noch Tipps von Gottman. Er ist einer jener aus der Riege von Positiven Psychologen, die höchsten wissenschaftlichen Anspruch mit der Gabe verbinden, ihre Ergebnisse so zu erklären, dass man davon lernen kann.

Aus unseren Burnout-Studien wissen wir, dass Konflikte mit Kollegen und Vorgesetzten das Burnout-Risiko entscheidend erhöhen. Mehr als alle andere Faktoren, die an der Entstehung Burnout beteiligt sind (z.B. Überlastung und Zeitdruck). Was macht *sozialen Stress* so unerträglich und was löst ihn aus? Entsteht er im gnadenlosen Druck der Arbeitswelt? Vermutlich nicht, denn wir können Mobbing schon an Vorschul-Kindern beobachten: Wer darf nicht mitspielen, wer wird ausgelacht oder nicht zum Geburtstag eingeladen? Die Opfer dieser demütigenden Manöver sind oft untröstlich.

Die beiden Zitate oben zeigen die Spannweite der Beziehungen zwischen Menschen: von bedingungsloser Hingabe bis zu abgründigem Hass, von selbstloser Aufopferung bis zu rasender Vernichtungswut. Der römische Dichter und der renommierte Psychologe stellen jeweils nur einen Aspekt unserer Natur in den Vordergrund.

Wir sind eben nicht ein stabiles Selbst aus einem Guss. Unsere inneren Konflikte lehren uns, dass mindestens *zwei Seelen in unserer Brust wohnen*. Bedenkt man, dass auch die Menschen, mit denen wir in Beziehung treten, so ein Patchwork-Innenleben haben, dann muss es als kleines Wunder erscheinen, dass es gelingt, unser Zusammenleben relativ konfliktfrei und produktiv zu halten. Meistens, jedenfalls.

Welche Seite von uns wir wie häufig im Umgang mit anderen zeigen, hängt sehr davon ab, welchen Regeln das Zusammenleben mit diesen anderen folgt. Ob es sich um die Familie handelt, den Freundeskreis, die Arbeitskollegen oder den Freizeitklub. Ob man sich auf Augenhöhe mit anderen befindet, oder ob ein Autoritätsverhältnis besteht. Unsere Erwartungen an das Funktionieren aller dieser unterschiedlichen Gruppen scheinen große Gemeinsamkeiten aufzuweisen. Und es gibt sehr gute Gründe anzunehmen, dass diese Regeln schon das Zusammenleben unserer frühen Urahnen bestimmt haben.

Ötzi und seine Horde

Die Geschichte unserer Gattung kann etwa 100.000 Jahre zurückverfolgt werden. Etwa 95 Prozent dieser Zeit hat der *moderne Homo sapiens* in kleinen nomadischen Horden von 30 bis 100 Individuen gelebt. Man war untereinander verwandt und völlig aufeinander angewiesen. Nur in der Gruppe waren Schutz und Nahrung zu erwarten, und war auch die Aufzucht von Nachwuchs möglich. Der heute geschätzte Individualismus, das Beschreiten eigener Wege, wäre damals einem Suizid gleich gekommen. Wir haben in den Jahrmillionen unseres Hordenlebens (wenn man unsere Primaten-Vorfahren einbezieht) deshalb ein *Soziometer*[23] entwickelt, das uns die Einfühlung in andere erlaubt, eine Einschätzung unseres Wertes für die Gruppe liefert sowie Instinkte für die Befolgung von Regeln, nach denen eine erfolgreiche Horde funktioniert.

Viele Probleme und Konflikte die heute in Familien, am Arbeitsplatz und in der Gesellschaft allgemein auftreten, haben damit zu tun, dass unser Gehirn-Computer zwei Betriebssysteme für Moral nebenei-

23 Leary, M. (2004)

nander verwendet: ein uraltes und ein aktuelles. Das alte, das *Soziometer,* ist auf der Wanderschaft kleiner Horden durch die Savannen Afrikas entstanden. Das neue wurde erst unlängst, vor ein paar tausend Jahren, in Betrieb genommen, als das Entstehen der ersten sesshaften Hochkulturen eine Überarbeitung erforderlich machte. Seither werden in immer kürzeren Abständen aktualisierte Versionen aufgespielt, die den Ötzi in uns in Verwirrungen stürzen. Unter der aktuellen Touchscreen-Moral hält sich aber hartnäckig das viel tiefer verwurzelte Empfinden Ötzis gegenüber dem Funktionieren der Horde.

Wenn Sie eben von einer längeren Fahrt auf der Autobahn kommen oder sich auf Skipisten bewegt haben, dann sagen Sie sich jetzt vielleicht, dass diese Einsicht für Sie nicht überraschend kommt. Verbissene wie sinnlose Drängelei, hirnloses Rasen und Rücksichtslosigkeit sind eindeutige Hinweise auf eine unbewältigte Primaten-Vergangenheit! Damit würden Sie Ötzi aber bitter unrecht tun. Er könnte argumentieren, dass erst die Anonymität der Moderne ein solches Verhalten möglich gemacht hat. In seiner straff organisierten Horde wäre so ein Benehmen nicht durchgegangen!

Neuere Untersuchungen[24] haben gezeigt, dass wir folgende grundlegenden moralischen Grundsätze eingehalten sehen wollen, damit wir in Gruppen erfolgreich

---

24 Haidt, J. (2012), *The Righteous Mind,* New York: Pantheon.

zusammenleben können. Wir nennen sie hier *Hordenregeln*:

1. Schutz. Die Gemeinschaft sorgt für ihre Kinder. Auslöser ist z.B. Weinen. Verstöße sind z.B. Vernachlässigung oder gar Grausamkeit Kindern gegenüber.
2. Fairness. Gegenseitiger Nutzen im Austausch. Verstöße sind z.B. Betrug, Wortbruch.
3. Loyalität. Fördert die Kooperation der Gruppe. Wir-Gefühl. Zugehörigkeit. Ein Beispiel dafür ist Parteinahme für die Heimmannschaft. Verstöße sind Untreue, Verrat, Täuschung.
4. Autorität. Die Gruppe überträgt Autorität und Verantwortung. Beispiel „Ihre Papiere, bitte!" Zuwiderhandeln wird geahndet.
5. Wertesystem. Traditionen von Spiritualität und Lebensführung werden für alle Mitglieder verbindlich gemacht. Beispiele sind Gebetsvorschriften, Fasten, Aufnahme-Rituale. Strikte Befolgung oder mindestens Respekt werden erwartet.

Diese Regeln sind instinktiv in uns verankert und wir reagieren sehr emotional auf nachhaltige Verstöße. Sie können das leicht überprüfen. Was fühlen Sie, wenn in Ihrer Gegenwart:

- ein wehrloses Kind geschlagen wird oder nicht getröstet wird, wenn es weint?
- jemand übervorteilt werden soll?

- jemand negative Geschichten über Ihre Familie oder Ihren Freundeskreis in Umlauf bringt?
- jemand sich der vernünftigen Anordnung eines Beamten widersetzt und damit Chaos stiftet?
- Symbole oder Grundsätze Ihres Glaubens, Ihrer Nation verhöhnt oder geschändet würden?

Vermutlich würden Sie in den meisten Fällen sehr emotional reagieren, mit Empörung, Abscheu oder Wut. Ohne dass Sie darüber nachdenken müssten, warum Sie so empfinden. Jemand, der in solchen Situationen gleichgültig bliebe, würde uns als weniger menschlich erscheinen. Diese universelle und instinkthafte Reaktion auf Verstöße gegen die *Hordenregeln* belegt deren Bedeutung.

Bei einer Studie[25] zum Burnout-Risiko unter den Ärzten eines Landeskrankenhauses in Österreich haben wir die Hypothese zu den *Hordenregeln* überprüft. Das Ergebnis hat unsere Vermutungen bestätigt. Jene Gruppe von Ärzten, welche die Verletzung dieser Regeln besonders stark empfunden hatte, war einem wesentlich höheren Burnout-Risiko ausgesetzt als die anderen.

Diese Ergebnisse können auch einen Beitrag zum Verständnis einer unterschwelligen Unzufriedenheit leisten, die in der Öffentlichkeit vorherrscht. Viele haben derzeit das Gefühl, dass nicht nach den Regeln gespielt

25 Hotter, E. (2013) *Burnout-Risiko unter ÄrztInnen des LKH Salzburg*, nicht veröffentlicht.

wird oder dass die geltenden Regeln entweder unfair sind oder nicht produktiv im Sinne der Gemeinschaft. Aktuelle Stichworte dazu sind: Finanzkrise, Schulden- und Wirtschaftskrise, Verteilungsgerechtigkeit etc.

Der Grund hierfür kann in einer Verschiebung eines Werte-Gleichgewichts gefunden werden. In unseren westlichen Gesellschaften werden jene Regeln der *Hordenmoral* wichtiger, die das Individuum stärken (Fairness und Schutz). Die anderen, welche die Gemeinschaft stärken (Loyalität, Autorität und Bindung) werden dadurch abgewertet. Diese Individualisierung unserer Gesellschaft hat ihre Vorzüge, wo sie dazu beiträgt, verkrustete unzeitgemäße Normen zu lockern und die Initiative des Einzelnen freizusetzen. Ihre Schwächen werden dort sichtbar, wo entschiedenes gemeinsames Handeln im Interesse aller nötig wäre. Die politischen Parteien scheinen derzeit nicht imstande zu sein, ein Konzept anzubieten, das beide Strömungen sinnvoll vereint.

Wettbewerb, Kooperation und Darwin

Dass unser Gesellschaftsmodell den Wettbewerb begünstigt, wird häufig als natürlich aufgefasst. Hat nicht Charles Darwin[26], der Theoretiker der Evolution, vom Kampf jeder gegen jeden gesprochen, in dem sich eben

26 Darwin, C. (1871). *The Descent of Man.* London: J. Murray.

der Beste durchsetzt (*survival of the fittest*)? Dieser populären Auffassung liegen zwei Missverständnisse zugrunde. Eines ist sprachlich: *fit* bedeutet hier *passend, angepasst* und nicht *stark*. Das andere ist noch wichtiger: Darwin hat einen zweistufigen Auswahlprozess beschrieben, der sowohl Wettbewerb als auch Kooperation begünstigt:

1. Der Wettbewerb innerhalb einer Gruppe bringt Stärken hervor, die der Gruppe nützen, und das bestimmt den Status und die Fortpflanzungschancen eines Individuums innerhalb der Gruppe.
2. Im Wettbewerb zwischen rivalisierenden Gruppen gewinnt nicht die mit den stärksten Individuen, sondern jene, die untereinander am besten kooperiert. Loyalität, Aufopferung und Vertrauen sind wichtiger für den Erfolg der Gruppe als die individuellen Stärken.

„Primadonnen" mit aufgeblähten Egos werden aus Sport-Teams aussortiert, wenn ihre Ansprüche den Zusammenhalt gefährden (allerdings: der milliardenschwere TV-Sport von heute mit seinem Starrummel und Dopingskandalen entfernt sich immer mehr von dessen ursprünglichen Idealen).

Der Harvard-Biologe Edward O. Wilson[27] bringt es so auf den Punkt: kooperativ veranlagte Menschen

27 Wilson, E. O. (2012) *The Social Conquest of Earth*, New York: Liveright.

sind den Egoisten gegenüber im Nachteil. Skrupel und Rücksicht werden ihnen als Schwäche, Weltfremdheit oder Untüchtigkeit ausgelegt. Unsere sympathischeren Eigenschaften, wie Hilfsbereitschaft, Gemeinsinn und Rücksichtnahme, sind also zweifellos das Ergebnis des zweiten Schrittes der menschlichen Evolution. Die gesellschaftliche Aufgabe besteht heutzutage darin, die Balance zwischen den individualistischen und den gemeinschaftlichen Impulsen wieder in Richtung Gemeinsamkeit zu verändern.

Ötzi und Rituale

Wir sind zutiefst soziale Wesen. In unserer kindlichen Entwicklung sind wir lange so sehr verletzlich, dass wir auf uns allein gestellt verloren wären. Die ganze Entwicklungsgeschichte des Menschen hindurch waren wir auf unsere Familie, den Stamm und die Gruppe angewiesen. In Gesellschaften, die nicht dem WEIRD[28] Raster entsprechen (übersetzt: Weiß, Gebildet, Industrialisiert, Reich, Demokratisch), ist das ja heute noch so.

Zugehörigkeit und Bindung sind uns so wichtig, dass wir uns Gruppen suchen, mit denen wir uns identifizieren können. Von diesem Bedürfnis lebt eine ganze Industrie. Das Identifikations-Angebot reicht vom Champions-League-Fußballclub über Modelabels bis zur

28 Diamond, J. (2012), *The World Until Yesterday*, London: Penguin.

Technologiefirma, deren Computer und Smartphones den raffinierten Zauber des Besonderen ausstrahlen. Mit den Symbolen dieser Marken schmücken wir uns und drücken damit Zugehörigkeit zu einem bestimmten Milieu aus. Diese spielerischen Bindungen berühren aber nicht den Kern dessen, was uns für ein glücklicheres und zufriedeneres Leben wichtig erscheint.

Eine überzeugende Antwort auf die Frage, wie Bindung in Gruppen hergestellt und verstärkt werden kann, kommt von Jonathan Haidt[29]. Er weist auf die große Bedeutung von *Ritualen* hin, die Höhepunkte sowohl im religiösen als auch im weltlichen Leben darstellen.

Eben haben die 115 Kardinäle in der Sixtinischen Kapelle im Vatikan den Nachfolger von Papst Benedikt XVI. bestimmt: Franziskus I. Keine elektronische Anzeigentafel hat das Ergebnis verkündet, sondern weißer Rauch ist aufgestiegen. Das jahrhundertealte Ritual signalisiert, dass hier ein Ereignis von historischem Rang stattfindet, das sich der Veränderung entzieht.

Egal ob Sie die Oscar-Verleihung, das UEFA Champions League-Finale oder die Preisverleihung im Kinder-Skikurs nehmen, sie alle folgen einem Zeremoniell, das uns darauf einstimmt, dass hier etwas Außergewöhnliches geschieht, das Bedeutung für unser Leben hat. Stellen Sie sich einen Moment vor, die Oscars würden einfach mit der Post zugestellt, Messi und Co.

29 Haidt, J. (2012), *The Righteous Mind*, New York: Pantheon.

kickten einfach nur – ohne Hymnen, Fahnen, Welle, Kameras und Offizielle, und Ihr Nachwuchs kann sich die Urkunde bei Gelegenheit in der Skischule abholen. Da fehlt was, oder?

Hochzeit und Taufe – das sind ritualisierte Meilensteine im Leben von Familien. Bei solchen Festen werden die Regeln der Horde zelebriert und beschworen. Das neue Familienmitglied kommt in den Schutz der Horde, dafür wird Loyalität erwartet und Respekt vor den Chefs des Clans und besiegelt wird das Ganze vor dem Heiligtum der Gemeinschaft.

Rituale helfen, Gemeinschaft zu stiften: Wir sind alle einig in dem, was wir hier tun. Wir stehen zu den Werten und den Traditionen, die hier ausgedrückt werden.

Abgesehen von der Event- und Unterhaltungskultur ist unsere Kultur arm an Ritualen, die mit den zentralen Werten zu tun haben. Das ist vermutlich ein großer Verlust, und eine differenzierte Ritualisierung unseres öffentlichen Lebens könnte das Gemeinschaftsgefühl stärken helfen. Das gilt auch für Institutionen und Firmen, die ihre Teams zu verschworenen Gemeinschaften zusammenschweißen möchten. Sie müssen nach zeitgemäßen Möglichkeiten suchen, ihre Werte und Ziele in einer Form zu kommunizieren, die Gemeinschaft stiftet.

Bussi-Bussi und Give me five!

Sport und Kunst sind nicht nur hochritualisiert, um Zuseher und Akteure zu einer emotionalen Gemeinschaft zu schmieden, sondern sie sind darüber hinaus Rückzugsgebiete für eine besondere Art der Bindung: Berührungen.

Schauspieler und Sänger sind vielleicht die Brutstätte der Bussi-Bussi-Endemie, die sich selbst in den emotionalen Trockengebieten unserer Breiten etabliert hat. Theaterleute, die sich vor ihrem Publikum entblößen (heutzutage nicht nur seelisch!) sind sehr auf den Rückhalt ihrer Gruppe angewiesen und vergewissern sich dessen auch mittels Berührungen und ritualisierter Umarmungen: *Toi, toi, toi!*

Fußballer balgen sich in aller Öffentlichkeit wie frisch Verliebte, streicheln und kosen einander, klatschen jede gelungene Aktion ab. Geht etwas daneben, so signalisieren die Mitspieler „mit *Daumen hoch!*“ wir vertrauen Dir trotzdem. Mit der Video-Aufzeichnung eines Fußballspiels kann ein ganzer Lehrgang in positiver non-verbaler Kommunikation bestritten werden. Speziell im Arbeitsleben könnte mehr positive Emotionalität dazu beitragen, gegenseitiges Vertrauen und Zusammengehörigkeitsgefühl zu stärken.

Achtung Ansteckungsgefahr!

Wir sind geboren, um in Kontakt zu sein. Spezielle Zellen im Gehirn (Spiegelneuronen) verbinden uns mit anderen. Wir können zwar nicht Gedanken lesen (Ausnahme: frisch Verliebte), aber wir sind Meister darin, die Absichten anderer zu erahnen und uns darauf einzustellen.

Sie begegnen einem Menschen im Wald, er hat einen Hammer in der Hand. Wird das ein Massaker? Nein, irgendetwas flüstert Ihnen, der arbeitet da. Richtig, da klopft er schon los. Autsch! Das ist daneben gegangen! Wenn Sie gesehen haben, wie er sich auf den Finger klopft, dann hat Ihr Gehirn wahrscheinlich eine Schmerzempfindung simuliert. Wenn Sie auch Autsch! gerufen haben und das Gesicht schmerzhaft verzogen, dann haben Sie eine Demonstration des Einfühlungs-Instinkts erlebt, der uns hilft zu verstehen, wie sich Menschen um uns herum fühlen (Vielleicht haben Sie schon beim Lesen dieser Geschichte das Gesicht verzogen?).

Im Kino und im Theater folgen wir gerührt oder gespannt dem Lauf der Handlung. Werden sie sich kriegen? Ereilt den Schurken die gerechte Strafe? Beim Lesen sind wir sogar unsere eigenen Filmproduzenten. Ein weiteres positives Beispiel für Ansteckung ist die Annäherung von Gesten und Haltungen bei Gesprächspartnern. Je synchroner ihre Bewegungen und Gesten werden, desto tiefer wird die Verbindung. Psychologen konnten aus Beobachtungen im Uni-Cafe in Stanford erfolgreiche

Wetten darauf abschließen, welche der Paare beisammen bleiben würden.

Dieses Einfühlungsvermögen kann zur Hypothek werden, wenn wir uns von negativen Stimmungen anstecken lassen.

Seminarteilnehmerin Ilse S. ist in einem Technologieunternehmen für das Personalwesen zuständig. Die Firma wechselte vor kurzem den Eigentümer, und das brachte zahlreiche Veränderungen mit sich, die auch für Frau S. einen erheblichen Mehraufwand bedeuteten. Einen typischen Tagesablauf schilderte sie so: morgens lange Meetings mit der Geschäftsführung, Mittagessen mit frustrierten Kollegen, die Verständnis und Zuspruch möchten, am Nachmittag versuchen, die zahllosen Mails zu checken und die dringendsten Sachen zu erledigen, zwischendurch eine weitere Frust-Runde an der Kaffeemaschine im Gang. Danach im Schritttempo durch den Abendverkehr nach Hause. Der Partner mustert kritisch ihre Miene: „Ist was mit dir?“ Sie weiß nachher selbst nicht, warum sie darauf mit „Was soll schon sein!“ reagiert. Ein Wort gibt das andere …

Wir raten unseren Seminarteilnehmern darauf zu achten, ob sie sich von Kollegen unbewusst mit echten oder vermeintlichen Problemen überlasten lassen. Falls Sie den Verdacht haben, dann sollten Sie diese Unterhaltungen dosieren oder behutsam das Gespräch auch auf Erfreuliches bringen.

Simulierte Beziehungen

Eine relativ junge Versuchung, der unsere Ziele zum Opfer fallen können, sind Computer, das Internet und die sozialen Netzwerke. Sie sind, neben ihren nützlichen und angenehmen Funktionen, auch mächtige Illusions-Maschinen, die immer mehr (junge) Menschen in ihren Bann ziehen. Computer-Spiele machen schon längst mehr Umsatz als die Filmindustrie, der Internethandel dominiert mittlerweile ganze Branchen und weit mehr als eine Milliarde Menschen ist bei Facebook registriert und hat dort *Freunde*.

Besorgte Experten[30] weisen auf die Gefahr hin, *verbunden und doch allein* zu sein. Das Argument lautet: Vertrauensvolle Beziehungen sind riskant. Man kann beschämt, betrogen, gekränkt und lächerlich gemacht werden. Die Erwartungen potenzieller Freunde zwingen uns zu Korrekturen in Auftreten und Verhalten. Außerdem könnte es sein, dass wir ihnen gegenüber lästige Verpflichtungen eingehen müssten. Diese Risiken nehmen wir auf uns, weil die Sehnsucht nach Freundschaft und Liebe noch größer ist als die Furcht vor all diesen Problemen.

Die sozialen Netze bieten uns scheinbar einen risikofreien Ausweg an: die Simulation von Beziehung. Die Beziehungs-Illusion der Sozialen Netze, dass da draußen jemand sei, der uns wahrnimmt, ist für viele mitt-

30 Z.B. Turkle, S. (2012), *Connected but alone?* In: www.ted.com.

lerweile ein Ersatz für echte Beziehungen. Wir müssen uns nie mehr einsam fühlen, was uns ängstlich und unruhig werden ließe. Selbst wenn wir zu zweit sind, brauchen wir uns nicht mehr auf einander einzulassen. Ein Paar im Café, das sind heute häufig zwei Menschen, die am selben Tisch ihre Mails checken. Als Geste der Verbundenheit zeigen Sie einander gelegentlich die neuesten Nachrichten auf ihren Smartphones. Es wird leidenschaftlich getextet, getwittert oder gemailt. Die Gefahr aus der sorgsam konstruierten Rolle (dem Profil) zu fallen, ist im Gespräch viel größer als wenn wir Zeit haben, uns einen richtig originellen *Tweet* einfallen zu lassen.

Frau E. berichtet von einem Konflikt mit ihrem Freund. Er beklagt sich darüber, dass sie ständig ihre Mails checkt, auch am Wochenende und abends. Er fühlt sich zunehmend missachtet und wird wütend. Besonders stört ihn ihre Aufmerksamkeit für die Nachrichten in Situationen, in denen sie sich früher entspannt unterhalten haben: beim Abendessen, beim Lesen und Dösen. Frau E. war ihr Verhalten nicht bewusst. Sie achtete einige Tage darauf und stellte fest, dass ihr Freund im Recht war. Irgendwie hatte sie das Telefon ständig in der Hand. Frau E. beobachtete ihr Verhalten einige Tage, und dabei fiel ihr auf, dass dem Griff zum Telefon eine Art Juckreiz voranging. Sobald sie dieses Jucken spürte, konnte sie sich rechtzeitig beherrschen.

Jede neue Nachricht hat scheinbar das Potenzial, uns glücklich zu machen: Jemand beachtet mich! Und so klicken wir uns durch endlose Listen von Mails. Aber es kann keine Befriedigung dieser Erwartung geben, nur noch mehr Suche danach. So verschwenden wir Energie und Lebenszeit an ein leeres Versprechen von Zuwendung und Zugehörigkeit.

Positive Kommunikation

Es gibt eine große Zahl von Anleitungen für richtiges Zuhören, erfolgreiches Verhandeln und Strategien für Konfliktlösungen. Die Positive Psychologie hat zwei interessante Beiträge zum Thema Kommunikation geleistet, die in unseren Seminaren sehr gut ankommen:

1. Das Positiv-Negativ-Verhältnis von Kommunikation
2. Aktives und konstruktives Zuhören lernen

Positiv-Negativ-Verhältnis 3:1

Die Idee dieser Methode ist ebenso simpel wie wirksam: immer wenn es uns um die gute Qualität einer Beziehung geht, dann sollten wir ein Verhältnis von drei positiven zu einem negativen Kommunikationsakt aufrechterhalten.

- Positive Kommunikationsakte sind zum Beispiel: Anerkennung und Ermutigung geben, Loben, Trösten, Verständnis und Interesse zeigen, Höflichkeit, Humor ...

- Negative Kommunikationsakte sind zum Beispiel: Kritik, Anweisungen geben, Ironie, Sarkasmus, Entmutigung, Respektlosigkeit, Herabsetzungen, Humorlosigkeit ...

Vergleichende Untersuchungen der Kommunikations-Kultur in erfolgreichen und weniger erfolgreichen Teams in Unternehmen haben gezeigt, dass die erfolgreichen einen Kommunikationsstil pflegen, der auf ein Verhältnis von 3:1 positiv zu negativ hinausläuft.

Die Erfolgreichen ermutigen einander, haben Spaß, regen einander an und freuen sich über Erfolge dreimal so oft, als sie höfliche Kritik an Entscheidungen (nicht Personen!) äußern und Veränderungen diskutieren. Die erfolgreichen Teams hören bei Konflikten aufmerksam zu und gehen auf Gegenargumente ein, die erfolglosen versuchen dagegen hauptsächlich, ihren Standpunkt zu verteidigen und sind taub für Gegenargumente.

Viele unserer Seminare finden im Rahmen eines Unternehmens statt. Deshalb braucht es häufig einen bewussten Schritt ins Private, um die Plausibilität dieser einfachen Wahrheit über Kommunikation zu erkennen. Überlegen Sie bitte: welches Verhältnis zwischen positiven und negativen Elementen in der Kommunikation gibt es in ihren persönlichen Beziehungen zu Partnern, Kindern, Freunden und Verwandten? Kommen Sie an die erfolgreichen 3:1-Teams heran?

Der bedeutende Beziehungsforscher John Gottman[31] ist der Ansicht, dass für eine glückliche Ehe ein Verhältnis von 5:1 optimal sei. Vielen unserer Seminar-Teilnehmer kommt das erst einmal etwas übertrieben vor. Aber wenn wir sie fragen, ob sie etwas dagegen hätten, die Empfänger von so viel ausgedrückter Zuneigung und Unterstützung zu sein, dann ernten wir Kopfschütteln. Nein, das wäre vielleicht sogar sehr schön. Die Zumutung besteht eher darin, sich selbst so weit zu bringen, den Partner (die Kinder ...) in diesem positiven Licht zu sehen und das auch auszudrücken.

Beobachten Sie einige Tage lang ihre Kommunikationskultur mit Personen, die ihnen nahe stehen. Wie ist das Positiv-Negativ-Verhältnis? Wenn es zu negativ ist, versuchen Sie drei Tage lang eine Änderung zum Positiven. Macht es einen Unterschied in Ihrer Beziehung? Wenn ja, bleiben Sie einfach dabei.

Aktives und konstruktives Zuhören

Im Zusammenhang mit dem Positiv-Negativ-Verhältnis, über das wir oben berichtet haben, steht eine Standard-Situation der Kommunikation, die entscheidend dafür sein kann, ob wir vertrauensvolle Beziehungen entwickeln oder nicht: Das Zuhören. Und da besonders die Situation, in der sich jemand öffnet, um etwas mitzutei-

31 Gottman, J. (2002). *Die 7 Geheimnisse der glücklichen Ehe*. Berlin: Ullstein.

len, das ihn im Moment bewegt. Die Reaktion der Zuhörer auf diese Öffnung beeinflusst die künftige Beziehung zu diesem Menschen ganz wesentlich. Hier ein Beispiel aus unserem Seminar:

- Kollege kommt freudig bewegt ins Ärztezimmer: „Ich hab die neue Wohnung bekommen!"
- Eine optimale Reaktion der Zuhörer klingt ungefähr so: „Super! Gratuliere! Wie hast du das hingekriegt? Wann war das? Wo ist das genau? Wann zieht ihr ein?"
- Diese Reaktionen sind eindeutig positiv und ermutigen den Sprecher, mehr zu erzählen, Details zu schildern, Emotionen zu beschreiben usw. Es entsteht eine positive Stimmung. Vielleicht wird sogar spontan gefeiert. Studien zeigen: diese Art von *konstruktiver* und *aktiver* Reaktion fördert Bindung und Vertrauen.
- Sub-Optimale Reaktionen klingen etwa so: „Hast Du schon den Vertrag in der Hand?" „Pass bloß auf die Betriebskosten auf", „Fährt dort nicht die Straßenbahn vorbei?"
- Dieser Typ von Reaktionen ist zwar noch immer *positiv,* aber schon leicht *destruktiv*. Gemeinsamkeit entsteht so nicht.
- Beziehungsschädigende Reaktionen sind nicht mehr *positiv,* aber noch nicht *negativ* und klingen etwa so: „Aha. Unser Wintergarten kommt nächste Woche."

- Der Kommunikations-Gau klingt etwa so: „Wo ist denn bitte die Krankenakte von Patient H.?“ Das ist *destruktiv* und *negativ* zugleich, und wenn das der prägende Stil sein sollte, wird die Beziehung zwischen den Beteiligten vermutlich bald auf Eis liegen.

Es scheint vielleicht merkwürdig, dass so grundlegende Fragen der Höflichkeit und des Umgangs miteinander in Seminaren erörtert werden müssen. Aber es ist Tatsache. Wie in unseren persönlichen Beziehungen machen sich auch am Arbeitsplatz Gedankenlosigkeit und schlechte Gewohnheiten breit. Und wie in unseren persönlichen Beziehungen kann das zum Risikofaktor werden für das Vertrauen, den Zusammenhalt und die Leistungsfähigkeit der Beteiligten.

Respektvolle Weigerung

Fairness ist eine wichtige Voraussetzung für gute Beziehungen. Wer sich einseitig benutzt fühlt, wird verstimmt sein und den Kontakt schließlich vermeiden. Im hierarchisch organisierten Berufsleben ist das nicht möglich, wenn wir Anordnungen von Vorgesetzten auszuführen haben, die den Grad unserer Belastung nicht kennen oder bewusst ignorieren. Aber auch die Opfer chronischer Überlastung können daran mitwirken: geschmeichelt von der eigenen Unersetzlichkeit oder auch aus

Sorge vor einem Konflikt oder Nachteil, der aus einer Weigerung entstehen könnte. Wer nicht Nein sagen kann, ist scheinbar ein idealer Mitarbeiter bis zu dem Tag, an dem es nicht mehr geht.

Wir haben in unseren Burnout-Seminaren bemerkt, dass es eine Art *Sprachstörung* ist, welche viele Betroffene lähmt, wenn es darum geht, sich abzugrenzen. Man fühlt sich ausgenutzt („nicht schon wieder ich!") und Empörung steigt in einem hoch, die man aber nicht ausdrücken kann; vielleicht schämt man sich auch ein wenig dafür – und schon ist es wieder passiert, der schöne Abend oder das geplante Wochenende sind wieder dahin.

Deshalb schwören wir darauf: Vorbereitet sein ist alles! Wir vermitteln einen einfachen Zugang zur *respektvollen Weigerung*, der ungefähr so aussieht:

- Äußern Sie Verständnis für die Bitte. Widerstehen Sie der Versuchung, die Berechtigung der Forderung zu bestreiten. Damit würden Sie lediglich eine Diskussion eröffnen, in der Sie unterliegen werden. Sie könnten ja nie wirklich einschätzen, wie wichtig oder dringend ein Anliegen ist, und ob ihr Gegenüber wirklich keine andere Möglichkeit hat, als Sie zu bitten.
- Haben Sie die Berechtigung der Bitte anerkannt (zumindest nicht bestritten), sagen Sie bestimmt, dass Sie die Bitte leider nicht erfüllen können. Betonen Sie, dass es Ihnen leid tut, Ihr Gegenüber

diesmal enttäuschen zu müssen. Nennen Sie einen akzeptablen Grund, vermeiden Sie dabei aber Details, die dazu dienen könnten, Ihren Grund in Frage zu stellen.

- Danach bieten Sie Ihrem Gegenüber Hilfe bei der Suche nach einer anderen Lösung an, ohne sich aber für deren Erfolg verantwortlich machen zu lassen.

Zur Verdeutlichung der Methode bringen wir hier ein Rollenspiel aus einem Seminar:

Chef:

- *Liebe Frau H.! Gottseidank Sie sind noch da! Könnten Sie bitte noch rasch die Terminliste für die Geschäftsreise nächste Woche fertigmachen? Ich muss gleich heute Abend noch mit den Vorbereitungen anfangen.*

Assistentin:

- *Ich habe heute schon einen Blick darauf geworfen. Das wird ein sehr gedrängtes Programm. Es braucht sicher Zeit, das alles gut zu organisieren. Aber heute Abend? Das wird diesmal leider nicht gehen. Ich habe meinem Mann versprochen, dass wir rasch noch das neue Mädchenzimmer für Anna aussuchen gehen. Er hat sich extra freigenommen. Sie wissen ja, Anna ist schon so groß …*

Chef:

- *Ach ja, verstehe ... Wie lange haben diese Geschäfte denn offen? Ich meine, es ist ja erst 17 Uhr? Sie sind da ja so fix, länger als eine halbe Stunde brauchen Sie doch nicht für so was!*

Assistentin:

- *Unter normalen Umständen würde ich es ja gerne versuchen. Aber die vielen Termine unter dem Zeitdruck? Wenn da was schiefgeht? Da muss ich mir Zeit nehmen. Außerdem: mein Mann holt mich um 17:30 Uhr ab und ich kann ihn nicht warten lassen.*

Chef:

- *Ja klar. Da kann man halt nichts machen! Ich habe gleich morgen früh eine Besprechung und da wollte ich den Reiseplan halt schon mit der Geschäftsführung abstimmen ...*

Assistentin:

- *Und was ist, wenn ich morgen eine Stunde früher komme? Dann hätte ich genug Ruhe und Zeit, um den Terminplan für Ihre Sitzung vorzubereiten!*

Chef:

- *Das würde gehen? Wirklich?*

Assistentin:

- *Mach ich doch gerne für Sie!*

Chef:

Vielen Dank Frau H.! Und grüßen Sie Ihren Mann!

Wenn Sie zuletzt das Gefühl haben, Sie sollten der Bitte doch nachkommen, dann hat Ihr Zögern noch immer Sinn gehabt. Sie haben gezeigt, dass die Bitte Sie in Schwierigkeiten bringt. Das macht ihr Opfer wertvoll. Und Sie haben die Hemmschwelle für künftige Last-minute-Aufträge erhöht.

Falls Ihnen ein spontanes, eindeutiges Nein nicht über die Lippen kommt, können sie sich auch auf Raten weigern. Sagen Sie etwa: *„Oh je! Ich bin nicht sicher, ob das geht – aber ich schau gleich nach/rufe gleich an"* etc.

Das verschafft Ihnen eine Atempause, in der Sie überlegen können und falls Sie sich zum „leider nein" entschließen, kommt es nicht mehr ganz so überraschend, und Sie haben vielleicht schon einen Vorschlag für eine alternative Lösung.

Kein Meister fällt vom Himmel! Fangen Sie mit kleineren Herausforderungen an. Starten Sie mit einfacheren Absagen per E-Mail und Telefon und gehen Sie erst nach einiger Übung die persönliche Konfrontation an. Bedenken Sie, dass der Ton die Musik macht: Treten Sie dabei bestimmt, aber respektvoll auf.

Ihr Energiekonto

Wie stehen Sie morgens auf? Gehören Sie zu der glücklichen Minderheit, die normalerweise voller Freude auf den neuen Tag, seine Herausforderungen und Chancen förmlich aus dem Bett springt? Oder ziehen Sie sich für gewöhnlich die Decke über den Kopf, um sich noch ein wenig zu verkriechen vor dem, was heute auf Sie zukommt? Die Mehrheit von uns liegt irgendwo dazwischen. Und natürlich spielt es eine Rolle, ob wir an dem Tag eher etwas Freudiges erwarten oder mit Schwierigkeiten rechnen müssen. Fest steht, unser durchschnittliches Empfinden am Morgen ist ein guter Indikator dafür, wie viel Energie wir zur Verfügung haben.

Eine Bestätigung für diese Annahme haben wir in unseren Burnout-Studien gefunden. Etwa 18.000 Berufstätige in Österreich haben unseren Online-Test ausgefüllt, mit dessen Hilfe das Burnout-Risiko[32] eingeschätzt werden kann. Die Auswertung hat ergeben, dass es vier Gruppen gibt:

1. *Die Unbelasteten*. Je nach Berufsgruppe zwischen 50 und 60 Prozent. Die Stress-Werte sind nicht im kritischen Bereich. Die Gruppe ist voll belastbar.

32 Sie können den Test auf www.burnout-studie.at machen, Passwort: *happier.*

2. *Die leicht Belasteten*. Zwischen 20 und 25 Prozent der Teilnehmer. Einige Werte sind im kritischen Bereich, aber ein erholsames Wochenende renkt alles wieder ein.

3. *Die stark Belasteten*. Zwischen 12 und 15 Prozent einer Stichprobe. Hier sind auch die entscheidenden Werte stark erhöht und die Betroffenen erleben Gefühle von *Hilflosigkeit, innerer Leere, emotionaler Taubheit*. Das sind ernste Hinweise darauf, dass die Fähigkeit zur Regeneration geschwächt ist. Eine längere Entlastung ist nötig sowie Achtsamkeit auf gesunden Lebensstil.

4. *Die Hochrisiko-Gruppe*. Zwischen 7 und 12 Prozent der Teilnehmer zeigen ausgeprägte Symptome von Burnout und benötigen ärztliche Hilfe.

Wenn Sie zu jenen gehören, die längere Zeit nur sehr schwer aus dem Bett kommen, und sich jetzt fragen, ob das ein Anzeichen von Überlastung ist, dann können Sie das mit diesem Ausschnitt aus unserem Burnout-Test rasch überprüfen.

Wie sehr stimmen Sie den folgenden Aussagen zu? 5 = völlig, 4 = eher ja, 3 = manchmal, 2 = eher nein, 1 = nein.	**Note**
Gelegentlich meldet sich bei mir ein Gefühl von Hilflosigkeit.	
Ich fühle mich manchmal mutlos.	
Manchmal fühle ich mich wie in einer Falle, in der ich weder vor noch zurück kann.	
Ich bin oft ratlos, wie ich mit meinen Problemen zurechtkommen soll.	
Ich kann mich nur noch für weniges richtig begeistern.	
Ich habe nicht selten ein Gefühl innerer Leere.	
Manchmal denke ich, ich bin gar nicht mehr richtig lebendig.	
Ich habe manchmal ein Gefühl von Abgestorbensein.	
Summe	

Wenn die Summe Ihrer Punkte 28 oder mehr beträgt, dann ist Achtsamkeit geboten. Machen Sie unseren kostenlosen und anonymen Burnout-Test auf www.burnout-studie.at, als Passwort verwenden Sie „*happier*".

Unser gewohntes Gefühl am Morgen kann verstanden werden wie ein Batteriestands-Anzeiger, der die verfügbare Energie angibt. Belastungen kosten Energie. Spüren wir zu wenig davon, scheuen wir vor Belastungen zurück. Regeneration lädt die Batterie auf und wir trauen uns wieder mehr zu weil, wir unsere Kraft spüren können.

Die besondere Problematik der Erschöpfungserkrankung ist, dass damit zugleich auch die Erholungsmöglichkeit beschnitten ist. Denn wirksame Erholung braucht Energie. Geselligkeit, Bewegung in der Natur, eigene Kreativität, interessiertes Lesen oder das Staunen vor Kunstwerken – ohne unsere innere Beteiligung bleibt das ohne Wirkung. Da kommt es dann häufig auf die Menschen in der Umgebung an, die einen mit sanfter Gewalt dabei unterstützen müssen, wieder in Schwung zu kommen.

In unseren Seminaren benutzen wir gerne das Bild vom *Energiekonto,* weil es hilft, den Zusammenhang stark vereinfacht darzustellen:

- Jede Beanspruchung entspricht einer Abhebung. Hoher Schwierigkeitsgrad, Erfolgs- und Zeitdruck fordern mehr Energie.
- Klug genutzte Erholungszeiten, positive Beziehungen, Spaß, Flow, Reflexion und Vorausschau sind Einzahlungen.

Kurzfristige Überziehungen des Kontos sind die Norm. Die Lebensprozesse verlaufen ja nicht linear, sondern schwanken rhythmisch innerhalb einer Bandbreite um einen Mittelwert (z.B. Puls, Zellstoffwechsel, Körpertemperatur).

Aber wenn Sie das Pech haben, in 10 °Celsius kaltes Wasser zu fallen, dann sinkt Ihre Körpertemperatur innerhalb von 10 Minuten so weit ab, dass Sie nicht mehr handlungsfähig sind. Selbst Profi-Schwimmer können dann keine koordinierten Schwimm-Bewegungen mehr machen und ertrinken ohne fremde Hilfe.

Ähnliches geschieht Burnout-Opfern, wenn sie ihr Stress-System über das natürliche Maß hinaus beanspruchen. Sie treiben quasi handlungsunfähig umher und können sich aus eigener Kraft nicht mehr helfen.

Unser Körper kann Beanspruchungen (Erschütterung des inneren Gleichgewichtes) einer bestimmten Schwere und Dauer auspendeln. Sind die Beanspruchungen richtig dosiert und wird gezielt regeneriert, tritt sogar ein Trainingseffekt ein. Ab einer gewissen Stufe der Beanspruchung ist aber Schluss. Dann geht eben nichts mehr.

Kluges Energie-Management

In diesem Kapitel finden Sie einige bewährte Tipps zum Thema kluges Energie-Management. Wie Sie dafür sorgen können, dass Sie ausreichend Energiereserven haben.

Wie immer im Leben sind die großen Botschaften sehr einfach. Eine aktuelle Studie, welche die wesentlichen Erkenntnisse der medizinischen Forschung der vergangenen 50 Jahre zusammenfasst, fand folgende gemeinsame Nenner: Es ist für die Gesundheit förderlich, wenn man

- zwischen den Haupt-Mahlzeiten nicht isst,
- ungefähr acht Stunden pro Nacht schläft,
- sich regelmäßig körperlich betätigt,
- nicht raucht und wenig Alkohol trinkt.

Diese Einsichten sind nicht wirklich neu, und es scheint eigentlich nicht weiter schwierig, sich danach zu richten. Aber wir haben schon an anderer Stelle auf Probleme hingewiesen, die daraus entstehen, dass wir zwischen verschiedenen Anteilen unserer Persönlichkeit hin- und her gerissen sind. Der Appetit des Ötzi ist im Konflikt mit dem Bewegungsmuster eines Couchpotato[33]; unser natürliches Regenerationsbedürfnis wird durch die Dauerstimulation aus unserer Umwelt empfindlich gestört. Die Folgen davon sind bekannt:

- Schlafstörungen
- Konzentrationsstörungen
- Chronische Spannungszustände
- Fettsucht
- Erkrankungen des Stoffwechsels, der Gelenke und Stützmuskulatur
- Abhängigkeiten

Auf einige dieser Probleme gehen wir im Folgenden mit Tipps zur Vorbeugung bzw. Veränderung ein.

---

33 US-Jargon, abfällig für jemanden der seine Freizeit auf dem Sofa verbringt.

Bewegung und Ernährung

Regelmäßige Bewegung in frischer Luft ist eine wunderbare Art, sich zu erholen. Vom gemütlichen Spaziergang bis zum Joggen reicht das Spektrum der Möglichkeiten. Spiele im Freien tragen dazu noch Geselligkeit und Spaß bei. Die psychologische Fachliteratur ist voller Studien, die den positiven Effekt von Aktivitäten im Freien auf unsere Stimmung belegen. Es gibt auch keinen Mangel an gut gemachten Anleitungen, sodass wir uns hier auf einige grundsätzliche Empfehlungen beschränken können:

- Muße scheint wichtiger zu sein als Intensität; den Blick eher auf die Natur gerichtet als auf den Pulsmesser.
- Wer angestrengt arbeitet oder zu Hause viele Verpflichtungen hat, sollte sich nicht zusätzlich einem ehrgeizigen körperlichen Training unterziehen. Ein lockeres, regeneratives Bewegen ist hier sicher sinnvoller.
- Eine Gelenk schonende und natürliche Bewegung ist das zügige Gehen. Sie benötigen keine Ausrüstung oder Schulung und können das Projekt jederzeit und überall starten. Wenn Sie Freude an zählbaren Erfolgen haben, dann legen Sie sich einen Schrittzähler zu und achten darauf, dass sie im Tagesschnitt auf 10.000 Schritte kommen.

- Wer einsieht, dass regelmäßige Bewegung nützen könnte, sich aber nur schwer überwinden kann, sollte die Anleitung für mehr Grit im Kapitel 1 versuchen.

Für die Ernährung gibt es ebenfalls ein beinahe unüberschaubares Angebot an Ratschlägen. Deshalb auch hier nur einige prinzipielle Bemerkungen:

- Wir essen zu viel und bewegen uns zu wenig. Der Prozentsatz der Fettleibigen nimmt in den Industrieländern seit Jahren dramatisch zu.
- Vor allem essen wir zu viel von jenen Nahrungsmitteln, die in unserer frühen Geschichte selten und wertvoll waren: Zucker, Fett, Salz.
- Dass diese Lebensmittel einst so selten waren, macht sie für den Ötzi in uns unwiderstehlich. Die Kombination von Appetit aus der Steinzeit und Bewegungsmustern von heute ist sehr ungünstig für unsere Gesundheit.
- Die so genannten Zivilisationskrankheiten Bluthochdruck, Diabetes und Fettleibigkeit waren unter Naturvölkern[34] so gut wie unbekannt. Erst als sie mit unserer Zivilisation in Kontakt kamen, breiteten sich diese Erkrankungen auch bei ihnen aus.
- Unser Rat ist deshalb einfach: weniger, Frischeres und abwechslungsreicher essen und mehr Bewe-

34 Diamond, J., (2012) *The World Until Yesterday*, London: Penguin.

gung machen. Wenn Sie Probleme damit haben, Ihre Ernährungsgewohnheiten umzustellen, dann empfehlen wir Ihnen, unsere Vorschläge in Kapitel 1 auszuprobieren.

Erholsame Pausen

Im Sport können Sie beobachten, wie Pausen professionell genützt werden, um sich in kurzer Zeit möglichst optimal zu regenerieren. Mehrkämpfer schotten sich zwischen den einzelnen Wettbewerben ab. Skifahrer ziehen sich am Starthaus in ihren mentalen *Tunnel* zurück und gehen die Strecke in Gedanken durch. Tennisspieler zeigen ein ritualisiertes Pausen-Verhalten: langsame Bewegungen zur Pflege (abtrocknen, trinken, Banane), danach Kopf freimachen (Kurz-Meditation) und dann mit raschen Bewegungen zurück auf den Court, um wieder voll da zu sein.

Im Berufsleben gibt es immer wieder Situationen, in denen man gezwungen ist, unproduktiv zu warten. Bei der Anfahrt im Stau, auf einen Rückruf, eine Mail, einen Kollegen ...

Diese Situationen kann man positiv nützen, anstatt sie nur passiv zu ertragen. Dazu brauchen Sie eine Liste von positiven Dingen, Erfahrungen und Erwartungen, die Ihnen gute Laune machen. Vorteilhaft ist es, wenn man sie leicht mitnehmen kann. Eine aufgezwungene Pause wird dann zur Gelegenheit, ein paar Minuten lang die schönsten Urlaubs-Fotos oder das neue Hobby-Magazin durchzusehen oder ein paar Takte ihrer aktuellen Lieblingsmusik auf dem Mp3-Player zu hören.

Die Erfahrungen mit dieser Art von Kurz-Pause sind sehr positiv, und eine ganze Reihe von guten Gründen sprechen für ihre Wirksamkeit:

- Die Arbeitspsychologie empfiehlt den Tätigkeitswechsel als gute Möglichkeit, Stress zu reduzieren.
- Unsere Konzentrationsfähigkeit lässt nach 20 Minuten allmählich nach und Erholungs-Pausen sind daher gute Investitionen in die Produktivität.

Längere Pausen sollten im Idealfall einen Umgebungswechsel bringen, denn wirkliche Erholung braucht den Tapetenwechsel.

Herr Dr. C. war in einer großen Organisation für Öffentlichkeitsarbeit verantwortlich. Pünktlich jeden Mittag zur selben Zeit betrat er die Kantine, reihte sich in die Schlange der am Buffet Wartenden ein und saß wenig später mit einigen Kollegen am Tisch. Eine blendende Gelegenheit, gleich einige wichtige Informationen auszutauschen und den neuesten Klatsch weiterzugeben. Als die Organisation eine Phase der Veränderung durchlief, wurde der Ton am Mittagstisch ernster. Gerüchte machten die Runde über Einsparungen und die Schließung von Abteilungen. Einige Wochen später traten bei Dr. C. starke Schmerzen in der Magengegend auf. Der

Arzt beruhigte ihn, es bestehe kein Anlass zur Sorge. Die Schmerzen blieben aber hartnäckig und so kontaktierte er einen befreundeten Psychologen. Dessen Rat war ebenso einfach wie wirksam: Iss auswärts. Dr. C. schlenderte jetzt gemütlich um das Haus, wechselte ein paar Worte mit der netten Verkäuferin in der Fleischerei, in der er seine Jause besorgte. Nach einigen Tagen waren die Schmerzen weg, in der Kantine wurde er danach nur noch ausnahmsweise gesichtet.

Entspannungsübungen

Über längere Zeit nicht abschalten zu können, ist eng mit dem Burnout verbunden. „Um- oder Abschalten" meint hier eine Regenerationspause einzulegen, in der Sie sich von einseitigen mentalen und physischen Beanspruchungen erholen können. Aber was viele nicht wahrnehmen: auch Entspannung ist eine Technik, die gelernt sein will, damit wir sie zur Verfügung haben, wenn es einmal zu hektisch wird.

Entspannung ist unter günstigen Bedingungen auf vielerlei Arten möglich: Unterhaltung, Hobbys, Musik, Geselligkeit, Kultur- und Naturerlebnis, die „Seele baumeln lassen", ohne Ehrgeiz betriebener Freizeitsport und andere körperliche Freuden. Auch Arbeit kann – in richtiger Dosierung – entspannend sein, wie die Erkenntnisse der Flow-Forschung zeigen. Ein richtiges Maß von Herausforderung, Tätigkeitswechsel und ein hoher Grad von Selbstbestimmtheit sind Voraussetzungen für lustvolles Arbeiten. Wenn allerdings Zeit- und Erfolgs-Druck übermächtig sind, ist oft schnell Schluss mit der Arbeitsfreude und an die Stelle der lockeren Konzentration tritt der enge Fokus des Stress. Das Motto ist nun: Augen zu und durch! Fertig machen, koste es, was es wolle!

Wer beruflich öfter in solche Situationen gerät, auch ohne eigenes Verschulden, sollte sich das regelmäßige Training von Entspannungsmethoden zur Gewohnheit machen. Wir treffen in unseren Seminaren erstaunlich wenige Teilnehmer, die das tun. Erstaunlich deshalb, weil das Thema seit vielen Jahren sowohl in der Publikumspresse als auch in den Fachmedien im Vordergrund steht. Die skeptische Wissenschaftsgemeinde ist durch die Arbeiten von Jon Kabat-Zinn[35] überzeugt worden, der nachgewiesen hat, dass diese Verfahren gegen eine Reihe von psychischen Problemen sehr wirksam sind und auch Gesunden helfen können, ihre Ausgeglichenheit, Belastungsfähigkeit und Konzentrationsfähigkeit zu verbessern.

Wer noch Zweifel hat, erinnere sich an die Fernsehbilder von Sportereignissen, die Top-Athleten zeigen, die sich auf ihre Wettkämpfe mittels Meditationstechniken vorbereiten. Was gut für unsere Ski-Asse ist, kann für Sie nicht ganz verkehrt sein!

---

35 US-Pionier der Wirkungsforschung bei Meditation und Autor vieler empfehlenswerter Publikationen zum Thema Stressbewältigung.

Das Angebot an solchen Entspannungstechniken ist groß und vielfältig. Ich habe mit einigen dieser Methoden experimentiert und dabei gute Erfahrungen gemacht. Fragen Sie Ihre Freunde und Bekannten danach, was sie für sich entdeckt haben, schmökern Sie in den Buchhandlungen und seien Sie offen für Experimente; die Investition wird sich bestimmt lohnen.

Diese Entspannungstechniken nützen verschiedene Formen der Aufmerksamkeits-Steuerung:

- Die Fokussierung der Aufmerksamkeit nach Innen durch Schließen der Augen
- Bewusste Wahrnehmung des Atems, um mit dem natürlichen inneren Rhythmus in Kontakt zu kommen
- Entspannung über die Muskulatur
- Mentale Reisen in Vergangenheit oder Zukunft zu entspannenden Erfahrungen

Ein Beispiel für eine kurze Achtsamkeitsmeditation finden Sie in Kapitel 1. Diese Form der Entspannung empfehle ich Ihnen besonders aus zwei Gründen:

- Sie benötigen dafür nichts als einige Minuten Ruhe.
- Diese Meditationen sind überall zu jeder Zeit durchführbar. Eine Audio-Anleitung können Sie von unserer Webseite www.happier.at downloaden.
- Es wird Ihnen mit jedem Mal leichter fallen sich zu entspannen und auf diese Weise werden Sie unabhängiger von den äußeren Umständen.

Die folgende Übung ist ein bewährtes Beispiel für eine erholsame mentale Reise und ich habe sie ausgewählt, weil sie sich in Seminaren sehr gut bewährt hat.

Nehmen Sie sich für diese Übung etwa 20 Minuten Zeit. Sie sollten dafür an einem ruhigen Platz und möglichst ungestört sein. Die Übung kann jederzeit und überall eingesetzt werden, wenn Sie Ihre Stimmung verbessern möchten. Einzige Bedingung: Sie müssen üben. Mindestens dreimal die Woche, optimal ist es täglich. Bei den meisten Menschen tritt der gewünschte Effekt ab der zweiten Trainingswoche ein.

- Lesen Sie die Anleitung durch, bevor Sie mit der Übung beginnen.
- Suchen Sie einen Platz, an dem Sie für etwa zehn Minuten ungestört sind. Sitzen Sie bequem, schließen Sie die Augen.
- Achten Sie einige Atemzüge lang auf die Bewegungen Ihres Körpers beim Atmen. Nehmen Sie aber keinen Einfluss auf seinen natürlichen Rhythmus.
- Atmen Sie einige Male mit einem leichten Seufzer aus. Achten Sie auf die kleine Pause, die nach dem Ausatmen entsteht, bis der nächste Atemreiz kommt.
- Beobachten Sie einige Atemzüge lang, wie sich Ihre Schultern, Ihr Nacken und Ihr Kiefer entspannen.
- Versetzen Sie sich jetzt zurück in eine Situation, in der Sie sich in der Gesellschaft anderer Menschen völlig geborgen fühlten. Tauchen Sie mit allen Sin-

nen in das Erlebnis ein. Sie sehen sich und die anderen, hören ihre Gespräche, spüren dem Gefühl der Geborgenheit nach, erinnern sich an einen Geruch oder Geschmack, der mit diesem Erlebnis verbunden war. Und wenn Sie ganz in dem inneren Erleben sind, spüren Sie vielleicht, wie sich in ihrem Gesicht ein zufriedenes Lächeln ausbreitet.

- Wenn Sie ganz in diesem Erleben der Geborgenheit sind, berühren sich die Spitzen Ihres Daumens und des Zeigefingers. Etwa so, als ob Sie vorsichtig ein kostbares Blatt Papier anfassen. Halten Sie diese sanfte Berührung drei Atemzüge lang, ehe Sie wieder loslassen.
- Genießen Sie noch einige Atemzüge lang dieses angenehme Gefühl.
- Nun achten Sie wieder auf die Geräusche im Raum. Spüren Sie Ihr Gewicht auf der Sitzfläche des Stuhls. Bewegen Sie Ihre Zehen und Finger und lassen Sie Ihre Augen sich allmählich öffnen.

Spüren Sie dieser Erfahrung noch etwas nach und stehen Sie danach auf, strecken Sie sich und machen Sie einige energische Schritte. Diese Anwendung ist noch einfacher als das Training dafür. Wo immer Sie eine warme Gefühlsdusche brauchen, richten Sie Ihre Aufmerksamkeit diskret auf Ihren Atem. Dann machen Sie, ebenso diskret, ihre rituelle Berührung. Das wohlige Gefühl von Geborgenheit wird sich in Ihnen ausbreiten.

Sinn finden

Ein Zyniker ist jemand,
der von allem den Preis kennt
und von nichts den Wert.

C. Peterson, Psychologe[36]

Wer sich heute mit einem Fragebogen in die Fußgängerzone einer beliebigen Stadt in Österreich stellt und die Passanten nach dem Sinn ihres Leben fragt, wird meist Erstaunen ernten, Schulterzucken, Suchen nach Worten. Die meisten Zeitgenossen kommen durchs Leben, ohne sich dieser Frage ernsthaft zu stellen oder eine plausible Antwort darauf zu suchen. Man hat ja auch so alle Hände voll zu tun. Ist nicht irgendwer zuständig dafür?

Wir versuchen nicht, diese alte Menschheitsfrage zu beantworten. Religionsstifter, Philosophen und Dichter haben uns einen Schatz von Antworten hinterlassen. Eine Frage für die Positive Psychologie ist das Thema geworden, weil sich in vielen Studien gezeigt hat, dass Menschen, die überzeugt sind, ein sinnvolles Leben zu führen, auch glücklicher und zufrieden sind.

---

36 Peterson, C. (2013). *Pursuing the Good Life*, Oxford: University Press.

Religiöse Menschen waren im Durchschnitt zufriedener als nicht-religiöse. Dabei kam es vor allem auf die enge Gemeinschaft mit Gleichgesinnten an und nicht darauf, wie fest die Überzeugungen waren oder ob jemand alle Gebote seines Glaubens stets befolgt hat. Die Überzeugung von Verbundenheit mit Ideen und Werten, die größer sind als das kleine Ego ist ein stabilisierender Faktor im Leben vieler. Ein Blick durch ein Teleskop in das Weltall, das Staunen vor den Meisterwerken der Kunst, der Musik, die Begegnung mit der Natur, dort wo sie noch großartig und wild ist – dies kann unsere Probleme relativieren helfen und uns von allzu viel Eigenverantwortung entlasten: so wichtig sind wir nicht.

Der Frage, was einem Leben Sinn geben könnte, ist die australische Krankenschwester Bronnie Ware nachgegangen. Sie hat viele Jahre lang Sterbende betreut. Sie fragte ihre Patienten während der letzten Wochen, was sie in ihrem Leben bereut haben und was sie anders machen würden, hätten sie eine zweite Chance. Die Antworten waren auffallend ähnlich. Vor kurzem hat sie diese berührende und anregende Sammlung von Versäumnissen veröffentlicht.[37] Hier eine kurze Zusammenfassung:

37 Siehe http://www.inspirationandchai.com/Regrets-of-the-Dying.html.

- *„Ich hätte den Mut haben sollen, mein eigenes Leben zu leben und nicht versuchen sollen, immer die Erwartungen anderer zu erfüllen."*

Dieses Bedauern wurde am häufigsten genannt. Erst im Abschied bedauerten viele, dass sie ihre eigenen Lebens-Träume nicht wirklich verfolgt hatten.

- *„Ich hätte nicht so viel arbeiten sollen."*

Dies wurde vor allem von sterbenden Männern beklagt. Mehr Zeit für ihre heranwachsenden Kinder und für eine tiefere Beziehung mit ihren Partnerinnen würden sie sich nehmen.

- *„Ich hätte mehr Mut haben sollen, meine Gefühle auszudrücken."*

Viele bedauerten, ihre Gefühle aus falscher Rücksicht nicht klar ausgedrückt zu haben. Hätten Partner, Familie, Freunde mehr Offenheit ertragen? Die wertvolleren Beziehungen hätten durch mehr Ehrlichkeit gewonnen und das hätte mögliche Verluste mehr als ausgeglichen. Waren das Hineinfressen von negativen Gefühlen und die Bitterkeit, die sie darüber entwickelt hatten, mit ein Grund für ihre schwere Erkrankung?

- *„Ich wünschte, ich hätte mehr Zeit mit meinen Freunden verbracht."*

Erst in den letzten Wochen ihres Lebens erkannten viele den Wert von Freundschaft. Sie haben ihre Freunde vermisst. Am Ende des Lebens sind materielle Dinge nicht mehr wichtig, es geht nur noch um Liebe und Beziehungen.

- *„Ich hätte mir öfter erlauben sollen, glücklich zu sein."*

Diese Klage ist sehr oft geäußert worden. Den Sterbenden wurde erst am Ende ihres Lebens klar, dass Zufriedenheit und Heiterkeit auch bewusste Entscheidungen sind.

Stimmen Ihre Prioritäten?

Leser dieser Aussagen fragen sich betroffen, ob nicht auch sie sich eines Tages solche Fragen stellen werden müssen. In unseren Seminaren sind diese Themen stets präsent. Wie geht es Ihnen damit? Haben Sie diese letzten Sätze angeregt, Ihre eigenen Prioritäten zu überdenken?

Wie sehr könnten diese Aussagen auf Sie zutreffen, wenn Sie Ihr Leben weiter führen wie bisher? Verwenden Sie wieder Schulnoten: 5 = sehr zutreffend, 4 = eher zutreffend, 3 = ja und nein, 2 = eher unzutreffend, 1 = völlig unzutreffend.

Nr.	Versäumnisse	Note
1	Ich hätte den Mut haben sollen, mein eigenes Leben zu leben und nicht versuchen sollen, die Erwartungen anderer zu erfüllen.	
2	Ich hätte nicht so viel arbeiten sollen.	
3	Ich hätte mehr Mut haben sollen, meine Gefühle auszudrücken.	
4	Ich wünschte, ich hätte mehr Zeit mit meinen Freunden verbracht.	
5	Ich hätte mir öfter erlauben sollen, glücklich zu sein.	

Haben Sie sich eine 5 oder 4 gegeben? Und vielleicht erkannt, dass Sie Gefahr laufen, eines oder mehrere dieser Versäumnisse zu begehen? Anders als die Patienten von Schwester Ware haben Sie eine zweite Chance. Sie können das Steuer jetzt rechtzeitig herumlegen und Ihrem Leben eine etwas andere Richtung geben.

Vorschlag: Nehmen Sie das Versäumnis Nummer 5 als Aufgabe für die kommenden Tage und erlauben Sie sich öfter als bisher, glücklich zu sein.

Unser Buch wird Sie dabei unterstützen. Vermutlich haben auch die Schützlinge von Bronnie Ware einige Male in ihrem Leben vergeblich versucht, aus ihrem frustrierenden Alltag auszubrechen. Es ist ja schwer vorstellbar, dass ihnen diese schwerwiegenden Defizite erst auf dem Totenbett bewusst wurden. Aber die Veränderung von Einstellungen und Verhaltensmustern ist eben nicht einfach, wie wir alle wissen. Das Kapitel 1 kann Sie bei Veränderungsprozessen unterstützen.

Dem Kabarettisten Volker Pispers[38] verdanken wir die kleine Fabel vom guten Leben des Löwen:

Der Löwe jagt eine Antilope, frisst sie, legt sich dann in die Sonne und genießt das Leben. Er sagt sich nicht: „Jetzt habe ich zehn Minuten für die Antilope gebraucht, wenn ich flott bin schaffe ich heute noch fünf! Dann kann ich morgen frei machen." Ihm ist klar, dass er diese fünf Antilopen gegen einen Kühlschrank tauschen müsste und danach flott weiter auf die Jagd gehen müsste, um den Strom dafür zu bezahlen. Da bleibt der Löwe lieber in der Sonne liegen und genießt das Leben. „Nur wir Menschen sind so doof", meint der pointensichere Pispers, „dass wir jedes Jahr auch noch das neueste Kühlschrank-Modell haben müssen."

Was macht Sinn, wofür lohnt sich die Mühe?

Einer unserer Seminarteilnehmer hat sich irgendwann an den Kopf gegriffen und ausgerufen: *ich schau' von jetzt an nur noch auf den Return On Happiness (ROH).* Er war als Wirtschaftsprüfer gewohnt, den ROI (Return on Investment) zu ermitteln, also wie viel bei einer Investition an Gewinn herausspringt. Ihm war klar gewor-

---

38 Siehe http://www.3sat.de/mediathek/index.php?display=1&mode=play&obj=30832.

den, dass sein Ziel nicht sein konnte, *der Mann auf dem Friedhof mit dem größten und teuersten Spielzeug zu werden.*

Wir können natürlich keine allgemein gültigen Antworten auf alle Fragen geben, die unsere Studien- und Seminarteilnehmer beschäftigen. Die Wissenschaft vom guten Leben hat einige falsche Glücksversprechen entzaubert und andere wieder ins Bewusstsein gerückt. Die Psychologin Sonja Lyubomirski[39] spielt gute Fee und erlaubt ihren Patienten drei freie Wünsche von der folgenden Liste:

- Eine neue romantische Beziehung
- Mehr Spielraum bei der Arbeit
- Ein besser bezahlter Job
- Ein zusätzliches Schlafzimmer
- Einen aufmerksameren Partner
- Ein Baby
- Verjüngtes Aussehen
- Keine Rückenschmerzen mehr
- Abnehmen
- Ihr Kind glänzt in der Schule
- Wissen, was Sie mit ihrem Leben anfangen sollen
- Liebevollere Eltern, die Sie unterstützen
- Dass ein chronisches Leiden kuriert wird
- Mehr Geld
- Mehr freie Zeit

---

39 Lyubomirski, S. (2007), The How of Happiness, New York: Sphere.

Was davon würde Sie dauerhaft glücklicher oder zufriedener machen? Lyubomirskis' und weiterer Wissenschaftler Forschungsergebnisse besagen eindeutig: nichts von alledem. Suchen wir Zufriedenheit und Glück an falschen Orten?

Zufriedene Menschen haben einiges gemeinsam:

- Sie verbringen einen guten Teil ihrer Zeit mit Familie und Freunden, haben Freude daran und tragen zu diesen Beziehungen aktiv bei.
- Sie sind dankbar für das, was sie haben und drücken es aus.
- Sie sind häufig die ersten, die Kollegen oder Passanten Hilfe anbieten.
- Sie sehen optimistisch in die Zukunft.
- Sie verstehen es zu genießen und im Augenblick zu leben.
- Sie machen regelmäßig Bewegung.
- Sie haben ein Anliegen, das ihnen wichtig ist und für das sie sich engagieren.
- Sie erleben ähnliche Schwierigkeiten wie alle anderen auch, aber ihre Einstellung und ihr Lebensstil machen sie widerstandsfähiger dagegen.

Das neue Leben organisieren

In allen Seminaren kommt der Punkt, an dem Teilnehmer sinngemäß die Frage stellen: *Nehmen wir an, Sie haben Recht mit dem, was Sie sagen. Aber wann, bitte sehr, soll ich mich neben meinen Verpflichtungen auch noch um diese Dinge kümmern?*

Die Erfahrung zeigt, dass dies möglich ist. Einfach dadurch, dass Sie auf das Versäumte aufmerksam werden. Viele schaffen das, indem sie manche Leerstellen im Leben wie Einsamkeit, Langeweile und Perspektivenlosigkeit nicht mit Hilfe von Stimulantien (Alkohol, TV, Drogen ...) beschwichtigen sondern nach Möglichkeiten suchen, ihre wichtigen Beziehungen zu verbessern, ihre Stärken zu entwickeln und einen Zusammenhang mit etwas herzustellen, das größer ist als ihre Existenz.

Dafür empfehle ich ein Verfahren, das sicherstellt, dass Sie diese wichtigen Dinge vor Augen haben, wenn Sie Ihre Woche planen:

- Machen Sie sich eine Liste, auf der Sie festhalten, in welche Ihrer Rollen Sie mehr Zeit investieren möchten, damit ihr Leben sinnvoller wird. (Ihre Rollen sind: Ehepartner, Elternteil, Onkel, Kind, Freund, Sportsfreund, Kreativer, Kollege, Vorgesetzter ...).
- Durch welche konkreten Aktivitäten könnten Sie das erreichen? (z.B. Partner-Abendessen einmal die Woche, Aufmerksamkeiten und Überraschungen, Fotokurs besuchen, Platzreife machen, Verwandte kontaktieren, Klassentreffen besuchen ...).
- Tragen Sie diese Aktivitäten in Ihren Kalender ein und vereinbaren Sie mit sich, dass diese Termine nicht einfach gelöscht, sondern nur verschoben werden dürfen, wenn es gar nicht anders geht.

- Experimentieren Sie. Wenn Sie diese Aufgaben und Termine wahrnehmen, achten Sie darauf, wie sich das nach einiger Zeit auf Ihre Stimmung auswirkt. Was davon tut Ihnen gut, was kostet Überwindung. Dosieren Sie diese Investitionen klug und denken Sie daran, dass der Return on Happiness im Vordergrund stehen muss.

Die Frage nach dem Sinn wird häufig in einer Situation gestellt, in der unsere gewohnte Lebensweise in einer Sackgasse geführt hat. Ist eine Neuorientierung fällig, dann kann es hilfreich sein zu erfahren, was andere versucht haben und mit welchen Ergebnissen. Aus den Erfahrungen anderer zu lernen, kann mühsame Umwege vermeiden oder abkürzen helfen.

Aber letzten Endes liegt es an uns selbst herauszufinden, was ein sinnvolles Leben ausmacht. Steve Jobs[40], der charismatische und eigenwillige Gründer von Apple Computer hat es in einer denkwürdigen Rede an der Universität Stanford so ausgedrückt:

Du musst herausfinden, was du wirklich liebst. Bewahre deinen Hunger auf Neues und deine Unvernunft. Du hast nichts zu verlieren, du bist schon nackt, weil du sterben wirst.

40 Siehe http://www.youtube.com/watch?v=D1R-jKKp3NA.

Anhang

Bücher und andere Quellen, die wir empfehlen:

- Hotter, E. (2011), Sieben Schritte gegen Burnout, Graz: Leykam.
- Die Webseite www.happier.at für mehr Informationen, Kontakte und Termine.
- Der anonyme und kostenlose Online-Test aus unseren großen Studien, mit dem auch Sie Ihr Burnout-Risiko bestimmen können: www.burnout-studie.at, das Passwort ist: *happier.*
- Kontakt zu Erich Hotter erich@hotter.cc

Das Stärken-ABC

Im Abschnitt über Stärken wird auf die Schwierigkeiten hingewiesen, die Seminarteilnehmer regelmäßig haben, wenn sie aufgefordert werden, eigene oder anderer Menschen Stärken zu beschreiben. Dieses Stärken-ABC dient uns als Starthilfe:

Altruistisch, anpassungsfähig, analytisch, anregend, ausdauernd, ausgeglichen, authentisch, bedacht, bescheiden, clever, charismatisch, couragiert, dankbar, diplomatisch, diszipliniert, effektiv, effizient, ehrgeizig, ehrlich, einfallsreich, einfühlsam, empfindsam, energisch, enthusiastisch, ethisch, fantasievoll, fokussiert, freundlich, fröhlich, führungsstark, fürsorglich, gastfreundlich, gebildet, gerecht, geschickt, großzügig, intellektuell, intensiv, intuitiv, klug, kommunikativ, kooperativ, kreativ, kritisch, kultiviert, lebenslustig, lösungsorientiert, loyal, mutig, neugierig, optimistisch, organisiert, originell, pragmatisch, selbstsicher, sorgfältig, sparsam, spielerisch, sympathisch, tolerant, überzeugend, verantwortungsvoll, vertrauenswürdig, vorausschauend, weise, wettbewerbsorientiert, wissbegierig, witzig.